Management by Belief

MBB:「思い」のマネジメント 実践ハンドブック

社員が「思い」を持てれば
組織は強くなる

徳岡晃一郎＋舞田竜宣

東洋経済新報社

推薦の言葉

野中郁次郎

私が、本書の筆者の一人である徳岡晃一郎さんとMBB（「思い」のマネジメント＝Management By Belief）をかたちにし始めたのは2006年のことだった。「知識創造企業（Knowledge-Creating Company）」を創り出すためのカギとなるのは人であり、知を創造する人材マネジメントが知識創造企業の根幹をなす、という認識のもとに、このコンセプトの開発を進めた。

当時、多くの日本企業は株主至上主義、利益最大化の呪縛に囚われ、社員は疲弊し、イノベーションは不発となり、BRICsなどの新興国にも追い上げられていた。成果主義の限界と欠陥が明らかになり、人事部はその先の人事のありようを模索していたのだった。こうした状況にあって、またしても安易に輸入もののハウツーに頼ることなく、日本企業らしいイノベーションのあり方に寄与する日本発の人材マネジメントを創造したい。これが私たちの思いだった。

ＭＢＢは、これまでに多くの日本企業でさまざまなかたちで導入されてきている。賢慮（フロネシス）の戦略論、ソーシャルイノベーション、事業創生モデルなど、ビジネスをより広く持続可能なエコシステムの枠組みで捉える知の流れを社内で起こす仕掛けがＭＢＢなのである。

ＭＢＢはそれゆえ、単なる人事評価制度のハウツーではない。本書で語られているように、知を創造する人材を育成し、活用し、ひいては強欲資本主義に悩む企業を知識創造企業に変換していくプラットフォームなのだ。一人ひとりの社員が、仕事への熱い思いを持ち、自分の人生の目的、組織人・産業人としての使命を踏まえ、大きな夢や深い問題意識、哲学をもって現実と向き合い、現実を変えていく人になってもらうためのダイナミックなインフラなのである。ＭＢＯ（Management By Objectives＝目標管理制度）に代わるものでもない。

知を創造する企業、そして、共通善を意図したイノベーションを持続する企業の本質は、社員一人ひとりが持つ高質な思いであり、その思いを組織の皆が共有して組織全体の思いにできるかどうかにかかっている。知とは人が自分の生き方のなかで、現実に向き合い、本当に真だと信じ、よりどころにできる信念（Belief）として立ち現われて来るものであり、思いから発する暗黙知を基盤にするものなのだ。それゆえ、思いを持つには、現実と向き合い、格闘し自分の信念を自身の中から紡ぎ出さねばならない。自らの手をかけない傍観者や評論家ではすまされない。自分の熱い思いでリスクをとって、試行錯誤の中でつかみとる思いがイノベーションにつながるといえよう。

本田宗一郎は「創意発明をするにはどうしたらいいかとよく聞かれるが、そのような手法などない。創意発明ではなく、苦し紛れの知恵なんだ。突きあたって苦しんだときに出る知恵なんだ」と喝破している。

にもかかわらず、どうもわれわれは自分の思いを突きつめず、深く考えもせずに論理分析的に目標を定めようとしてしまいがちだ。その結果、組織には傍観者的分析屋が横行する。企業はつぶれても自分の持ち場・立場や領域だけを守っていれば責任を果たしていると思い込んでいる情けない社員も多い。結果として、オーバープランニング（計画過多）、オーバーアナリシス（分析過多）、オーバーコンプライアンス（法令順守過多）で首が回らなくなり、その課題解決のためのハウツーがさらに求められる。プラトン以来の演繹的思考法が日本企業にも根強く繁殖している。現実が理論と合致しなければ、現実がおかしいと断じて疑わないものさえ出てくる始末だ。

企業の本質、価値の創造は、このような机上の空論や独善に陥りがちな論理分析主導で導き出される戦略や計画などで達成されることはない。企業を動かし、イノベーションにチャレンジするのは、答えがどこかにあると考える安易なプロセスとは対極にある。知識創造もイノベーションも、人々の信念や思いのダイナミックな連鎖であり、主観の集合・鬩《せめ》ぎ合い・コンフリクトの超克によるスパイラルアップの実践知プロセスなのだ。

このプロセスを経てはじめて、皆の主観は綜合され、互いに信じあえる状態が訪れる。それを哲学の言葉では相互主観というが、MBBの言葉で言えば、「しみじみ感」だ。

読者の組織に「しみじみ感」はあるだろうか。「あぁ、これが本質だな」「あなたの言うことは将来を真剣に考えたことだと感じ、私も深く共感します」「現状の抜き差しならない状況に関し、そこまで本質を考えていたのですね」。このような場面が職場で一体どれだけあるだろうか。乾いた、表面的で刹那的なやり取りを不思議に思わない人が横行する職場になっていないだろうか。こうした職場からはイノベーションもモチベーションも起きてはこないはずだ。

乾いた職場では意味のないMBOの数字が独り歩きする。しみじみする職場では数字に意味付けがなされる。なぜその数字なのか、その数字で何を目指すのか。どのように世界がよくなるのか……。このようなストーリーを数字の背後に持っているだろうか。数字の意味を与えるのが哲学であり、そこに人々はしみじみ感を感じる。

この相互主観の基本は暗黙知の深さであり、それを生み出す個々人の生きざま、その凄まじさだろう。日産自動車のCFT（クロスファンクショナルチーム）がよくあるプロジェクトチームとは異なり、企業変革を成功させた理由の一つは、「世界を変えてやる」という意欲を持った連中をカルロス・ゴーンCEOが見出し、あえてパイロットに抜擢したことにある。未来へのコミットメントを持った人材を抜擢したわけだ。論理分析的な優等生ではない。日産のそれまでの歴史に疑問を持ち、未来志向で現状を打破したいという熱い思いを持った人材だった。

しかるに現在の日本の多くの組織ではそのような熱い個人の思いを封印し、右脳で語ることを禁忌扱いしてしまう。無表情の左脳、ロジカルシンキングが先行し、結果として気持ちを押し殺して誰でも取り換え可能な殺伐とした組織を作り、傍観者や能吏の発生を助長する。人事には、思いを持った人材を抜擢するようなダイナミックな個別人事のリスクをとる懐の深さが欠如している。思いを持った人材を見極め、活用し育てるマネジメントができていない。

しかし、組織を支える多くの人々が燃えるには、「こういう人になりたい」と皆があこがれる人物を要所につけなくてはならない。そのような人物は左脳優先で形式知しか語らない傍観者でないことは明らかだ。誰もそんな人物に「しみじみ感」を持たない。現実に向き合い、理想に向かって、あの手この手で、試行錯誤を繰り返しながら現実を乗り越えていくリアリズムに裏打ちされたアクティビストこそ重要だ。トップや人事はそのような人材を育成する土壌と適切に配置する現場観を持たねばならない。

ＭＢＢでわれわれはこのような熱い職場を再構築できるだろう。無機質な職場を一掃できるだろう。本書で述べられたさまざまな仕掛けを駆使して、ＭＢＢのプラットフォームを構築し、社員たち皆が組織のメンバーとして、考え感じあう職場を再生することで、多くの日本企業が知識創造企業への道を見出してほしいと願っている。

（一橋大学名誉教授）

まえがき

日本で成果主義が導入されはじめてから早くも20年以上が経つ。その間にマネジメントのあり方、人事の思想や制度、一人ひとりの働き方、職場のあり方などあらゆる面が変わってきた。どの方向に行くのがいいのか、何もかもが変わりつつある中でさまざまな模索がなされてきた。新しい日本の企業文化、働き方の価値観、長期的な人事の展望などが議論されてきた。新しいシステムも試されてきた。

しかし、まだしっくりきていない。個人の中で、会社のため、自分のため、家族や友人のためなど、自分の働き方の価値観の折り合いがつけられていない。いろいろなプレッシャーややりたいことの狭間で、中長期的に自分をどう位置付けていくのか、会社の制度がかつてほど包摂的でなくなった今、一人ひとりは迷いを抱えたままでいる。成果主義はそのような価値観の模索のきっかけになったとも言えよう。私たちは、今、自分たちの仕事も含めた暮らしの新しい価値観を見出さなくてはならない。

当初の成果主義の背景には強欲資本主義、リバタリアニズム、株主価値至上主義などの偏った思想に基づいて資本主義を曲解した近視眼的な競争があったことはすでに明らかになっている。

もっとも、この成果主義は単に否定してしまうこともできない。日本企業が軽視し過ぎてきた面の是正でもあったからだ。海外勢との競争を勝ち抜くための指標として売上や利益の成長があり、全体の業績を上げるために一人ひとりが責任を持って目標とする数字を達成することは当然である。

しかもそうした目標が各人の実力に応じて明確に割り付けられれば悪しき年功や曖昧さが排除される。一見、極めて合理的かつシンプルでわかりやすい。目標管理制度（ＭＢＯ＝Management By Objectives）で個人個人の成果を約束させて想定どおりの数字を上げれば、それが積み上がって目標売上を達成するという「足し算型」で予定調和的なしくみはマネジメントしやすいものでもある。

わかりやすさの半面、問題は数字至上主義の罠に陥りやすいことだ。上層部から売上や利益が割り付けられる。組織は遮二無二その数字を達成しようとする。もはや、仕事の意味や目的が置き去りにされ、数字だけを追いかける競走馬のようになってしまうのだ。

足し算型のしくみは、投資家の利益を最大化する目的にもかなう。昔のように株主が一部の大金持ちや機関投資家ばかりであれば、社員として働くわれわれは一致団結して無味乾燥な競争システムに反対することもできよう。ところが、現在は厄介なことに、一般のわれわれ自身も個人株主として成果主義の促進に加担しているのだ。「もっと利益を上げて株価を上げてほしい。配当を増やしてほしい。この会社の経営陣は甘いのではないか。社員を厳しく管理しているのか？」と株主の目で見てしまうだろう。

成果主義にはまたアメとムチの発想が内在する。「人はムチで打たないと働かない」「アメを与えないと働かない」という性悪説の考え方が根底にあるのだ。

数字を上げれば報酬を上げ（昇格させ）、目標に到達しなければカットする（降格させる）、アメとムチの論理で個人を管理する。しかしそれが弊害をもたらした。アメを与えられるから動く受身の姿勢、アメをもらうためには「自分さえよければいいのだ」という利己的な姿勢を職場に蔓延させたのだ。

小さな幸せを求める自己完結の世界が実現できればまだよかったのだろう。ところが自分だけが頑張っても達成すべき成果のバーは高くなるばかりだ。個人は孤立化したうえ、逃げ水のような成果を追って延々と走りつづけなければならない無間地獄にはまってしまったわけだ。それがたとえ世の中のためのイノベーションを生み出したとしても、働く個人にとってはどういう意味があるのだろうか。またそのような体質では持続的に革新を起こしていくことは不可能だ。

数字目標を掲げることそれ自体が悪ではないし、人間としての競争意欲をかきたてて進化するための物差しとしては誰にとってもわかりやすい。が、それが目的をもたない、あるいは意義をもたない単なる競争のための競争に簡単に堕してしまうのだ。そうなると人も企業も疲弊してしまう。単に儲けるのではなく、それは何のためにやるのか、どういう意義があるのかと数字に対する裏打ちを付けない限り、どこまでも数字だけを追いかける空虚な漂流となる。目的を失い、虚ろに走りまわるだけでは、やがて疲れ果ててしまう。

私たちは今、仕事の本当の価値を見つけなければいけない。マネジメントはそこに答えを出さないといけないし、一人ひとりの社員も自ら自分の立ち位置を明確にしなくては流されてしまうだけだ。

仕事とは、もっと楽しくワクワクと心躍るものだったのではないか。時代背景で今は成果主義や目標管理制度が前面に押し出されているが、本来、それらはバックストーリーでなくてはならないはずだ。

まずは、個人あるいは組織が仕事の目的や意義をしっかり意識しなければならない。もっと目的、意義、すなわち思いを込めて仕事をデザインし、自分事化すれば、本来は「管理」の出番はないはずであり、その方が人間らしいと思う。

もちろん、より高いレベルを目指すための努力を惜しまないことが必要であるが、それさえも内在化できるのが人間の特性でもあり、かつ人類が培ってきた叡知であろう。逆に、そのような意志がなければ、人間の向上心の表れとしての資本主義であるにもかかわらず、その負の側面に押しつぶされてしまう。そこに流されていると閉塞感を打ち破ることはできないのではないだろうか。

今日、日本企業はマネジメントの方法を転換する時期に差し掛かっていることは疑いようがない。成果主義やMBO一辺倒のマネジメント手法に替わる、より持続的で包括的で人間性を取り戻せるしくみ、それがMBB（「思い」のマネジメント＝Management By Belief）だ。

MBBとは、個々人の仕事や人生に向き合う強い思いをベースにして経営や職場、成果のマネジメントを行い、組織のあり方を変えていく新しいマネジメント手法であると同時に、個々人にとっては、自分の思いをベースにした仕事との向き合い方である。本書は『MBB：「思い」のマネジメント』の続編にあたる。同書ではMBBの原理原則を豊富な実例に基づいて述べた。

今回は、その実際の運用に当たってのキーコンセプトと制度設計・運用のポイントを考えてみたい。MBBを通じて、仕事のおもしろさ、人生の意義を再構築する手掛かりを見つけていただければと願っている。

その意味で、本書には三つの意味を込めた。一つには、一人ひとりのレベルで管理職も一般社員もそしていわゆる非正社員と言われる今や企業にとって大きな戦力となっている人にも、一人ひとりに、自分を見出し、思いを持ってもらうためのガイドにしていただきたいということ。二つ目にはそのようなかけがえのない一人ひとりを預かり導く管理職や上司の立場にある人に、部下や周囲が思いを持つようにマネジメントし、モチベートしてほしいということ。さらに三つ目として、皆がMBBを軸に思いを育み、仕事の中で実現する人事制度を、人事部とともに、社員一人ひとりも当事者として共創していくための共通の基盤を提供することだ。

会社を変えるのも、資本主義を新たな時代に合わせて変えていくのも、今仕事をしている私たち一人ひとりだからだ。いいしくみを創るために仕事を活用して、次代にはもっとまともな資本主義を残していこうではないか。

なお本書の巻末には、MBBオーディットという、私たち自身の思いの強さを測る診断テストも載せたので、ぜひ試してみてほしい。診断結果に基づいて、本書で述べる思いを育み、実践するための各施策を再度確認して、MBBの実践へ挑戦していただければと思う。

最後になるが、MBBを共に育ててくださった多くのクライアントや仲間たちに心からの感謝の言葉を申し述べたい。特に、一橋大学の野中郁次郎名誉教授、一條和生教授、多摩大学大学院の紺野登教授、構造計画研究所の服部正太社長からは、ＭＢＢのコンセプトを構想した当初から、多くの貴重なご助言をいただいている。ここに記して、厚く御礼申し上げます。

２０１３年7月13日

徳岡晃一郎
舞田　竜宣

目次

推薦の言葉　一橋大学名誉教授　野中郁次郎　1
まえがき　7

序章　スターバックスのＭＢＢ経営：価値観を守り、発展させる　19

第1章　ＭＢＢ：「思い」のマネジメントとは何か　27

1　世界を変える「思い」を持とう　28
高質な思いを持つためのカギ：共通善、実践知、教養／未来のための思いを考えるカギ：減成長、ソーシャルビジネス、グローバル・ビッグ・イシュー／よい思いかどうかの判断力を高めるカギ：ジャッジメント・コール、デモクラシー、ダイバーシティ／思いを戦略に結び付けるカギ：ソートリーダーシップ／個人の思いを解き放つカギ：WILL・CAN・CREATE

2 「思い」の力が仕事を面白くする 50
思いとは○○観／思いとは卓越性への道／思いはグローバル／思いは脳のしくみにかなっている

3 MBB：「思い」のベースとなるキーコンセプト 61
しみじみ感／原体験／メッセージ力／高い志によるMBOとの連動／自分らしさ

第2章 個人としてMBBを実践する四つのフェーズ 77

1 個人の思いを育む 78
セルフコーチング／書評ライティング／シャドーワーク／ロールモデル

2 個人の思いを表出化する 93
思いのピラミッド／マイセオリー&マイポリシー／創造的対話

3 個人の思いを正当化する・実践する 106
知の交差点／イノベーターシップ／SECIキャリア

4 個人の思いを皆で共有する 122
ストーリーテリング／チームコーチング／SDS

第3章
組織としてMBBを実践する四つのフェーズ 133

1 組織の思いを育む 134
ビジョン／コーポレートカルチャー／思いのネットワーク／コミュニティ

2 組織の思いを表出化する 143
ソートリーダーシップ／グローバル・ナレッジ・コンバージェンス／ビジネスプラン
プロセスでのMBOとの連動

3 組織の思いを正当化する・実践する 150
BELIEF基準／タフクエスチョン／事業創生モデル

4 組織で思いを共有する 160
重層的な対話の場づくり／現代版・徒弟制度／集合実践知

第4章
MBBを促進する人材マネジメント 171

1 MBBによるトータル人事システムのあり方 172
最重要視すべきは思いを育むサイクル／思いを育むMBBカルチャー

2 目標設定をMBB型へ移行するステップ 177
MBO目標に思いを書き込む／MBB目標とMBO目標を並行して設定する
3 評価はどうするべきか 186
MBO評価がはらむ三つの問題／目標の質を問う「成長評価」
4 MBB型の等級と処遇 191
5 MBB型のキャリアと能力開発 195
6 MBB型の福利厚生 201

第5章 ソーシャル・リソース・マネジメント（SRM） 205

1 人事業務は社外とのつながり支援へと進化する 206
2 MBBの推進に活用できるSNS 208
本音を引き出すSNS／トップから「思い」を発信する／「思い」のジャムセッション／SNSを活用したセルフコーチング／SNSを活用したチームコーチング
3 MBBによるSRMへむけて 220

終章
ケーススタディ：MBBを実践するスターバックスコーヒージャパン 223
1 「思い」と「数字」を両立させる 224
2 あえてマニュアルは作らない 230
3 サービスリーダーシップ 234
付録 MBBオーディット＝「思い」の診断表

カバーデザイン 竹内雄二
本文DTP アイランドコレクション

序章

スターバックスのMBB経営：価値観を守り、発展させる

思いのない数字だけの成果は空しい重圧であり、数字の伴わない思いはいつまでも叶わない白昼夢だ。思いのマネジメントとは、思いと数字の両立を意味している。その達成のためのプロセスに果敢に取り組む、ＭＢＢのストーリーを紡いでくれるのが、スターバックスだ。

スターバックスはハワード・シュルツ氏の「思い」から始まった企業である。１９８２年にまだコーヒーの豆と粉しか売っていなかったスターバックスに入社したシュルツ氏は1年後、生涯をかける対象に出会う。イタリアのミラノで見本市の展示会場に向かう途中で立ち寄った小さなバルでの出来事だ。まるで以前からのなじみ客のように声をかけてくれる店員、客というより友人に接するようにエスプレッソを優雅に入れてくれるバリスタ。単にコーヒーを飲んで一休みするところではなく、劇場のようにそこにいること自体がすばらしい体験であると感動したシュルツ氏はアメリカ・シアトルでその体験を再現したいと願う。

そして87年にスターバックスを買収するチャンスを得て、今のスターバックスのビジネスモデルを構築した。落ち着いたひと時を日常生活の中で実現する「サードプレイス」をアメリカの人々に届けたいという思いを実現するＭＢＢ経営でもあったのだ。こうした思いを胸に全米に店舗網を広げ、成長していった。

２０００年、シュルツ氏はＣＥＯを引退し、会長に就任すると海外戦略に注力するようになる。その後、スターバックスは成長を加速させ、売上や利益の増大とともに株価も上昇していく。株主もパートナー（従業員）も満足できる成功を収めていたのだ。ところが06年に入ると業績がわずかに悪化し始める。07年の夏には来店客数が過去になく落ち込み、株価が42％下落する。

シュルツ氏は数字の裏の問題に憂慮する。成長市場主義の陰でスターバックス体験の質の劣化が起き、ブランドがコモディティ化していたのだ。自動エスプレッソマシーンの導入は効率性を高めはしたが、一方でバリスタの優雅な動作は見られなくなった。店舗デザインの簡素化で店舗展開はスムーズになったが、一方で温かさや居心地のよさが失われてしまった。売上を高めるためのフードの匂いがコーヒーの香りを台無しにしていた。一言で表せば、成長と引き換えにスターバックスらしさを喪失してしまったのだ。

08年1月、危機感を募らせたシュルツ氏はCEOに復帰する。しかし、折からのリーマン・ショックに見舞われ経営環境はさらに悪化してしまう。他のファストフードチェーンがスペシャリティコーヒーの市場に参入してくる厳しいタイミングも重なった。崖っぷちに立たされたハワード・シュルツだったが、そこで打った手は数字の追求よりも本質的なものだった。そのアジェンダとして戦略的なビジョンと七つの大きな取り組みを示したのだ。『スターバックス再生物語』（徳間書店）によればビジョンは以下のとおりだ。

私たちの望むもの‥
魂を刺激し、育む企業として知られ、世界で最も認められ、尊敬されるブランドを有する優れた企業であり続ける。

このビジョンを実現するための七つの取り組みは次のとおりである。

1 コーヒーの権威としての地位を揺るぎないものにする
2 パートナーとの絆を確立し、彼らに刺激を与える
3 お客様との心の絆を取り戻す
4 海外市場でのシェアを拡大する――各店舗はそれぞれの地域社会の中心になる
5 コーヒー豆の倫理的調達や環境保全活動に率先して取り組む
6 スターバックスコーヒーにふさわしい創造性に富んだ成長を達成するための基盤をつくる
7 持続可能な経済モデルを提供する

この七項目が単なるリストラ、単なる競争戦略ではないことは明白だ。原点に戻って、自分たちの価値を確認し、新しい環境に合わせて、どうやってビジネスモデルを再構築するか、その青写真になっているのだ。変革後のスターバックスの具体的な姿が表されている。より美味しいコーヒーを抽出するための新しいエスプレッソマシーンの導入や、アメ

リカにあった7100の全店舗を一斉に閉めてのバリスタ一斉研修（失う利益は大きい）、スターバックス初のスティックコーヒーVIAの開発など次々と手を打っていく。すべて上記の七つの取り組みに沿ったものだ。

だが対策の効果がすぐに数字に表れるものではない。投資家からの厳しい評価に晒された。とりわけ槍玉に挙げられたのが、スターバックスが誇る全従業員加入の健康保険制度だ。シュルツ氏は「パートナーとの絆」であることを楯に頑として譲らなかった。しかし不採算店の閉鎖では胸をかきむしるような決断をせざるを得なかった。全米で600店を閉め、1万2000人のパートナーを解雇する必要に迫られたのだ。

こうした起死回生策の最中の08年夏、ついにスターバックスは四半期ベースで初めての赤字を計上する。売上の落ち込みが続く一方で、変革のためのコストが利益を圧迫したのだ。アナリストはスターバックスの凋落を強調し、パートナーの間にも動揺が大きくなっていく。スターバックスが一番厳しい時期でもシュルツ氏は「オンワード（未来へ）」の言葉を胸に秘め、利益を優先させるのではなく、自分たちの使命と利益の獲得の両方を実現しようと辛抱強く本質的な改革を継続する。信じるものに情熱を傾けるのはすばらしいが、利益を出すのを忘れてはそれは不可能になるとシュルツ氏はいう。『オンワード（未来へ）』とは泥だらけになってもがき、鮮やかな結果を出すことである。株主に対する責任と社会的良心の均衡を保つことであり、直感と人間性を重んじながら研究を重ね、収益を上げることだ」とハワード・シュルツはいう。

シュルツ氏がCEOに復帰してから1年半後の09年夏、ついにスターバックスは再び増益に転じる。08年秋のリーマン・ショック後のひどい景気後退を考慮すれば、変革とコスト圧縮の効果は数字以上だった。その勢いは続き、10年度は過去最高の収益を記録する。シュルツ氏はこう総括している。「成長は戦略ではない。戦術である。それを私たちは十分に学んだ。規律のない成長を戦略としたために、スターバックスは道を見失ってしまったのだ。しかし、過去の過ちはもう繰り返さない」と。

スターバックスは単に2000年以前のスターバックスに戻ったのではない。600店の閉鎖、1万2000人の解雇という厳しい選択を迫られ、業績悪化の苦しみの中で、スターバックスは将来に向けてどういう企業でなければならないかを自分たちの問題として突き付け、変革を実現してきた。そして株主に対する責任と社会的良心の均衡を保つ道を選んだ。

そんな中で、ルワンダのコーヒー栽培農家に対してコーヒーをずっと買い続け、栽培農家の収入を増やすことに責任を持つとも宣言した。ビジネスを通じてルワンダ内戦で疲弊し、貧困に陥った人たちを支援していくのは企業利益にかなうとともに社会的利益にもなる。成長至上主義がもたらした修羅場を切り抜け、ビジョン、使命、そしてスターバックスらしさを取り戻した。

しかし夢に終わりはない。思いは真善美を求め、共通善を願い、スパイラルアップし、コンフォートゾーンに安住はしない。「スターバックスにとって最上の日々は、まだこれからやって来るのだ」とシュルツ氏はいう。どんな逆境にあっても、常に前向きにあくまでも思いをベースに成果をきっちり出していくシュルツ氏のマネジメントは正にＭＢＢの王道を行っている。

第1章

MBB：「思い」のマネジメントとは何か

1　世界を変える「思い」を持とう

ＭＢＯとＭＢＢが適切に組み合わされることで職場はどうなるのだろうか。

主体的な思いを持つことにより、私たちは無限に高くなっていく成果のハードルや、思考停止に陥ってただ蒙昧に数字を追いかける存在から脱し、仕事や経営を個人や組織の思いの観点から意味づけする存在になれる。自分の存在を主体的に再定義し、組織に提案していくことが可能になる。その方が組織にとってもメリットが大きいはずだ。

なぜなら、個人や組織が長期計画から日常業務に至るまで、思いを込めて自分事として捉え直し、仕事に向き合うことが始まるからだ。受動的で他責な文化とは対極の、自分の人生を賭けた仕事、一流を目指す対象としての仕事になってくるだろう。組織との折り合いは当然つけないとならないだろうが、それでも組織が組織としてアプリオリに存在するわけではないことも事実だ。

組織は一人ひとりの思いの集積として存在するのであり、人を度外視した客観的な制度、成員から離れた組織は存在しえない。目標の連鎖や業務の連鎖もしたがって、その本質は一人ひとりの思いの連鎖であり、主観から成り立っている。一人ひとりが思いを持てば、

図表1-1　MBBの定義

MBBとは、
・内省（セルフコーチング）によって個々人の思いや気づきを明確化し、
・相互（タテ・ヨコ・ナナメ）に対話することで、自分の志にまで高め、
・単なる数値目標の上意下達に圧迫されたり、意志なく流されて仕事をするのではなく、
・自分の実体験に基づく、思いや仮説を持って、
・組織のビジョンを主体的かつ前向きに理解し、
・他者との動的で多様な関係性を通じて、
・自分や組織、チームの高い志を紡ぎだし、仕事に反映するための
・自律的なマネジメントとコミュニケーションのしくみ

「組織」との折り合いをつける作業は、妥協ではなく、組織の目標を主体的に共創することになっていく。それくらいの迫力を持って仕事に臨まなければ、単にブツブツ言いながらあてがいぶちの（誰からともなくくる、そして上司も心からコミットしているわけではない）仕事をこなすはめになる。楽しい仕事にはならない。

そういう意味では、「成果主義にやられている」のは、われわれの思いの表明が弱いからなのかもしれない。思いをマネジメントし、力強い思いを育てることが重要なのだ。思いはマネジメントしなければ暗黙知のままだ。思いは単なる夢として個人の頭の中に留まってしまう。思いはマネジメントしてはじめて、カタチになり、個人のパワーになり、ひいては組織力になっていく。

図表1-2　MBBとMBOは表裏一体

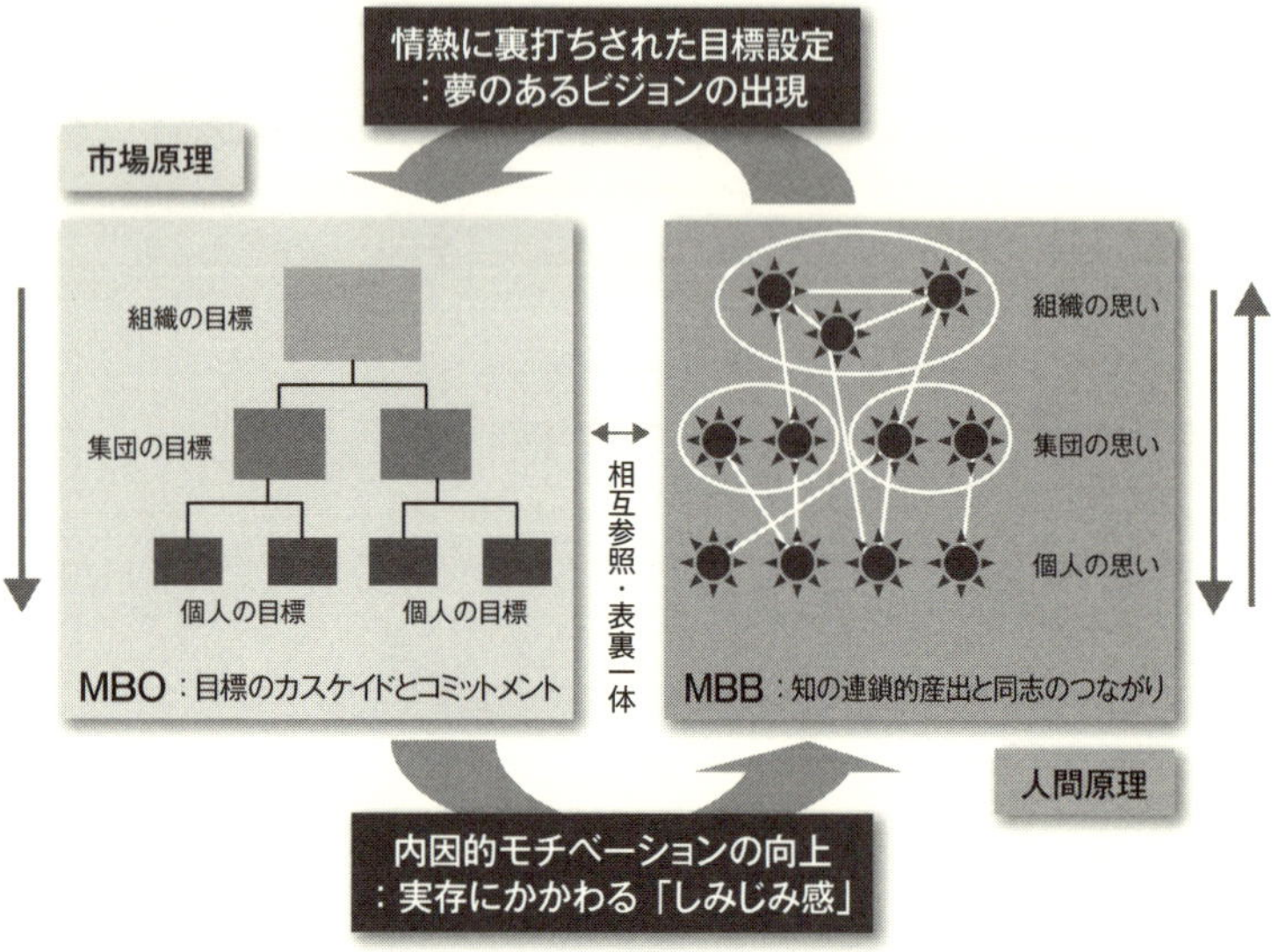

思いのマネジメントを考える前にまず、思いを形づくり、支えるいくつかの要素について概観してみたい。思いとは下手をすれば、我であり、思いこみ、固執のもとにもなる。人の言うことを聞かない小さな自分の殻にもなってしまいかねない。また思いが強すぎて、客観的論理的裏付けを無視したり、ドグマになっては周りが迷惑し、リスクが高まる。よい思い、高質な思いが重要なのである。

○――高質な思いを持つためのカギ：共通善、実践知、教養

成果主義の呪縛から逃れ、仕事

をもっと楽しくクリエイティブな存在にしていくには思いをベースに仕事をすることが非常に有効だ。

ただし、思いは扱いにくい概念でもある。思いが極めて個人的なものであるためフワフワと浮ついた夢物語に終始することもあれば、一歩間違えれば独善的にもなりやすい。夢物語や独善で終わらせないためには、思いを他の人との議論を通じて共有できるものなのかを確認し、その質を高めていく必要がある。思いを共有化、高質化するためのカギとなるのが「共通善」「実践知」「教養」だ。

個人個人が思いをもって仕事をすると言っても、個人が孤立した中では、それが本当に正しい思いなのか、邪悪なものなのか。時代を先取りしたものなのか、過去にしがみついただけのものなのか。また、個人的暗黙知から来るその思いがどの程度普遍的なのか……。これらがよくわからなくなる。単なる思い込みや独りよがりに堕してしまう危険があるわけだ。そのため、常にチェックしなければならない点が、自分の思いを実行に移すと本当に皆が幸せになるのかという「共通善」の観点だ。

共通善というとビジネスとは対極のコンセプトのように思えるかもしれない。だが、共通善とは「より大きなニーズ」を狙うことだと解釈することができる。つまりエネルギー問題や食糧問題などの世界を揺るがせている社会問題に対して、どのように自分の思いはつながっているのか。自分の思いを込めたビジネスや仕事を通じてそれらにどう向き合い、解決していこうと自分はしているのか。あるいは環境配慮型インフラの再構築という大きな課題に対して、自分のビジネスや仕事はどのように関連し、支援できるのか……。

このような思考方法を通して共通善を射程に入れ、自分の行為がどうそれを実現するのかを意識することが重要だ。大きな社会の善のための一人ひとりの小さな思いの集積が大きなよい流れを生み出すはずだ。

利己的な行動の中にそういう芽が宿っていなければ、個人主義で分断され格差社会は悪化するばかりだろう。特に公職に就く人々には、既得権や党利党略、縦割り行政を廃し、共通善に基づいた行動が求められるのは当然だ。（東北の人々の生活を再建するよりも自分たちの縦割り行政にしか関心がなく、既得権の行使に終始しているようなことではなく）社会の大きなニーズを捉えられる大きな視野、高い志の視点と言ってもいいだろう。自分たちが仕事をするベースとなる思いが、このような思いなのかどうかだ。

従来のビジネス現場では「より改良した製品を作る」とか「もっと安い製品を作る」といった「小さなニーズ」を満たすことでよしとされてきた。既存の枠組みの中での精緻化競争だ。しかし、これが価格競争や際限のないモデルチェンジを引き起こし、疲弊の原因にもなった。またそこに駆り立てる大きな流れは、社会のためにというよりも経営者や資本家の強欲でしかなかった。これらは「小さな思い」だ。しかし真に豊かな社会へ向けての再構築が必要な今日では、小さなニーズを埋めるように設計されてきたビジネスモデル

図表1-3　**日産自動車のゼロ・エミッションビジョン**

当社のクルマづくりに対する情熱は「ゼロ」という言葉に凝縮されています。日産は電気自動車をはじめとする、環境負荷の全くない商品ラインアップの開発に力を入れています。二酸化炭素ゼロ、排出ガスゼロの日産の電気自動車は、最も環境に配慮した量販車となるでしょう。私たちは、高品質で安全な、優れた設計の電気自動車を手ごろな価格でご提供できることを目指しています。また、走りを楽しめる魅力溢れるクルマとして開発しています。
ルノー・日産アライアンスは、電気自動車を発売するだけではありません。私たちは量販のゼロ・エミッション車を世界中に普及させ、ゼロ・エミッション社会を創り出すことを目指しています。インフラを整備してこのゼロ・エミッション社会を実現させるには、政府、地方自治体、電力会社、そして多くの専門家の協力が不可欠です。ゼロ・エミッション車の領域でリーダーになることは、日産のコミットメントであり、その達成に向けて、あらゆる取り組みや投資を行っています。ゼロ・エミッションのモビリティこそ日産の情熱の源であり、将来の鍵となる、真のブレークスルーだと信じています。

出所：日産自動車ホームページより

や組織を抜本的に再構築しなくては、大きなニーズには対応できない。

すなわち「大きな思い」を基にした「賢慮の戦略」が重要であり、大きなニーズを満たし、ビジネスで共通善をかなえるべく、既存の事業構造を見直すビジネスモデルイノベーションへの挑戦が重要だ。

実際、電気自動車の開発にいち早く乗り出した日産自動車CEOのカルロス・ゴーン氏はビジネスと共通善の両立を示唆する。

小さなニーズを狙うならより現実的なソリューションとしては、ハイブリッドや既存エンジンのダウンサイジングのほうが効果的であり、それも現在の顧客にとっては重要であろう。しかしあえて将来の大きなニーズに応えるための戦略を立てているがゆえに、電気自動車事業に参入し、しかもそのビジョンを「ゼロ・エミッション社会の創造」として掲げている。その先に共通善が実現するのを見通しているのだ。

思いをベースに働くとき共通善は北極星のように私たちの針路を示してくれる。だが、そこに至る道のりは前人未到のものだ。当然、試行錯誤を迫られる。あらかじめ想定された論理分析的なロードマップはない。

したがって、試行錯誤しながら、迷わず進まなければいけない。そのときに大切なのが「実践知（practical wisdom）」である。実践知とはアリストテレスのいう「フロネシス」の日本語訳だ。個々の現実の中で物事の本質を読み解き、その洞察の上に立って、都度の状況に応じて適切な判断をタイムリーに行い、実行する知恵のことだ。

バリー・シュワルツとケネス・シャープの共著『知恵』（アルファポリス）では、数々のケースを引いて、ルールには限界があり、常に解釈を繰り返しながらルールと実践とのバランスを取る必要性を説いている。実践知とは「今ここで、この瞬間に、この人を相手に、〝わたしはどうすべきか〟を考えることだ」と定義される。

初めての道を辿りながら共通善に到達するのは簡単ではない。実践の中から「何が正しいのか」「これではダメだ」と本質を導き出す努力をし、実感値、直観で経路を正していかねばならない。そのためには演繹的な論理分析主導のアプローチではなく、現場主義を

図表1-4　実践知から共通善へ至るプロセス

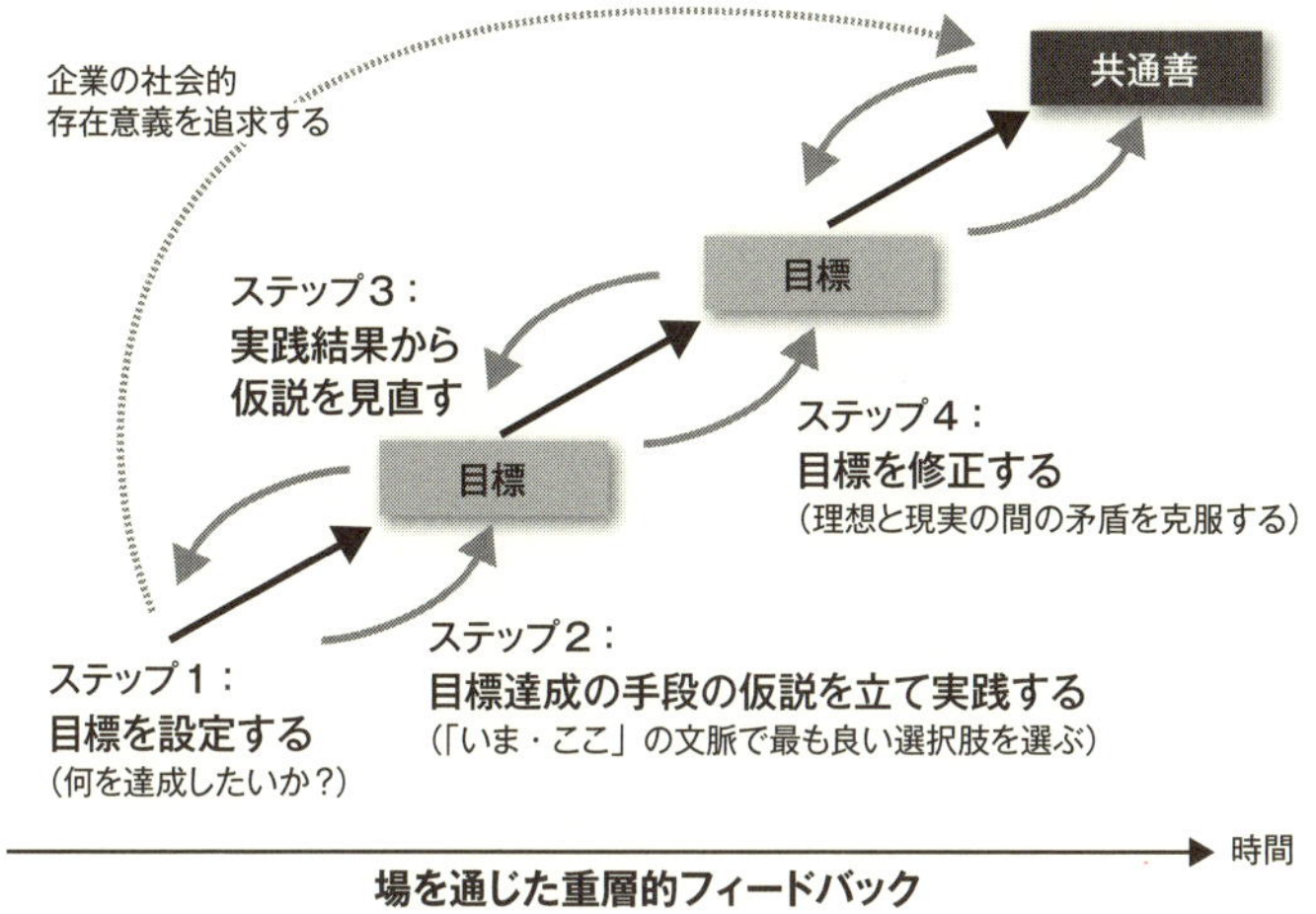

重視して、帰納法的に一歩ずつ知恵を積み重ねていかねばならない。実践経験のただ中から知を紡ぎだしつつも、自分の理想とする共通善へ向かって目線を上げながら現実と闘っていくわけだ。実践知に支えられた思いこそ、骨太で皆に真理と認められる思いになっていくであろう。

ただし実践知で最適に判断すると言っても、すべてを実践するわけにはいかない。岐路に差し掛かったとき、勇気や賭けで判断する要素も高い。しかし勇気と賭けだけでは痛手を負う確率が高すぎる。手がかりが必要だ。先人の知恵に学ぶのである。「何が正しいことなのか」。同じ過ちを繰り返してきた人間の心理や性癖という普遍の真理を見極める手助けを過去の文学作品に求めたり、倫理と成果、孤高と迎合などの葛藤の手助けを歴史上の出来事や経験、あるいは哲学・思想に照らしてこそわかるものが多い。歴史の風雪に耐えた人類の優れた知的資産から、より最適な判断につなげていくことができる。すなわち、私たちが「教養」と呼ぶ知恵が、個人的な経験に基づく各自の実践知をさらに豊かなものにしてくれるのだ。

教養のよさはグローバルに通じる点でもある。知の体系化によって文明を創ってきた西洋中心にはなりがちだが、それでも教養をベースに自分の論理について世界の人々と議論を交わせる意義は大きい。共通善の意識とそれを自分の思いにつなぎとめる実践知と教養。これらの要素によって私たちの個人的な思いを、より高質なものへと昇華させていくことができる。

未来のための思いを考えるカギ：減成長、ソーシャルビジネス、グローバル・ビッグ・イシュー（Global Big Issues）

共通善を視野に入れた思いを形づくっていくためには、現代の文脈で勘案すべきテーマ、すなわちこれまでのわれわれの視点を転換するテーマをきちんと認識しておく必要がある。それが、ナイーブな成長神話の否定と「世のため人のため」のビジネスの認識だ。

長い間、日本社会ではいわゆる成長神話が幅を利かせてきた。国が成長すれば国民にも見返りがある。そのベースとなる企業が成長すれば社員にも見返りがある。だから何にもまして豊かさの追求のためには、企業成長が重要なのだ。そう信じられてきた。ところがバブル崩壊後、企業がV字回復を果たし利益を回復しても、社員の賃金は必ずしも高くならなかった。それどころか規制緩和で急増した契約社員の低い賃金と比べられ、「現状でも高すぎる」「もっと低い賃金で働く人はたくさんいる」と脅しをかけられさえしだした。企業が成長しても一人ひとりの身入りが大きくなる時代は戻ってこなかったのだ。

成長神話の崩壊は、2008年のリーマン・ショックで決定的になった。社員が頑張っても、頑張っても給料が下がっていく現象が起きたのだ。国さえも巨額の負債にあえぐ状況になってしまった。

私たちは完全に道に迷ってしまった。「何のためにあくせくしてきたのだろうか」。そんなやるせない気持ちと徒労感だけが残った。

国際弁護士で立教大学教授のアンドリュー・J・サター氏は『経済成長神話の終わり』(講談社現代新書)で、経済成長が必ずしも個人の所得や余暇を増やす効果のないことを検証し、「減成長」による「繁栄」を提案している。われわれはGrowthという英語を「成長」と訳したが、成長という言葉には美しい語感があり、これを否定することは難しい。しかし成長の名のもとで行われていた行為は単なる「膨張」ではなかったか、とサター氏は喝破する。

金銭的かつ一部の人に富が偏在する不必要なまでの「成長のための成長」を追い求めるシステムに迷い込んでしまったのが今の資本主義だ。そのような意味の見出せない成長の欺瞞から脱し、質の高い生活や豊かなコミュニティによって実現される個人の幸せ、すなわち「繁栄」こそ求めるべきだとサター氏は主張する。

こうした繁栄という思想は欧州では、イタリア、フランスなどで認識され始めており、デクルワサンスという概念をアンドレ・ゴルツのような論者が発信している。日本でも、「かんてんぱぱ」で有名な伊那食品の塚越寛社長は自社の経営スタイルを「年輪経営」と名づけ、むやみに成長を追い求めずに持続的に年輪のようにじわじわと成長させる経営を実践している。塚越社長は「ゲームのように上がりのない企業経営の世界で先を急げば、自分の首を絞めるだけ。ゆっくりとではあっても、社員の心と生活の安定を確保しつつ、自己革新を怠らずに確実に成功していくことが重要だ」という。

私たちは舵を切らなければいけない。一人ひとりが無限に金持ちになる必要はないし、企業が猛スピードで成長を求める必要もない。それよりは社会がどうあるべきか、自分はどうありたいかをもっと人間らしく考える方が重要だ。尽きることのない強欲とは決別し、皆が適度な生活を維持していく価値の方が大事ではないか、そう頭を切り替えていく時代ではないだろうか。

すでに価値観の転換は顕在化している。今、大企業の優秀な人材がソーシャルビジネスに流れているのも減成長意識の表れだろう。大手のメーカーや商社、銀行でバリバリ働いていた人たちが企業での仕事に飽き足らず、あえて辺地でビジネスをつくり、活躍している。インターネットで地元の産品を売ったり、土地の魅力をアピールして観光客を呼び込んでいる。ビジネスのスケール感は大手企業には及ばないが、減成長の旗手たちは、それよりは自分は何をするべきか、何をすれば地域や社会がよくなるのか、そのような観点からソーシャルビジネスにやりがいを見出している。自分や株主の富のための果てしない欲を満たすビジネスではなく、自分らしさや納得のいく人生を選択したのだ。

ソーシャルビジネスとは、社会問題をビジネスを通じて解決するためのビジネスモデルだ。世界でもソーシャルビジネスはますます盛んになっている。バングラデシュでグラミン銀行を創立し、無担保での少額融資を通じて貧困救済に取り組んだムハマド・ユヌス氏はソーシャルビジネスの拡大を提唱し、ノーベル平和賞を受賞した。バングラデシュでは、グラミン銀行とともに、ファーストリテイリング、日清食品、雪国まいたけなどがソーシャルビジネスを始めている。原丈人氏率いる日本のアライアンス・フォーラム財団も「公益資本主義」を掲げ、グローバルにソーシャルビジネスモデルを展開している。

また、世界でもネスレ、P&G、ユニリーバなど多くのグローバル企業がソーシャルビジネス事業を自社の中心的戦略の一環として展開している。ソーシャルビジネスによって、従来型の株主価値や企業利益の最大化ではなく、社会価値（社会のさまざまな問題の解決）

の最大化を目指すグローバル企業がどんどんと増えている。

実のところ、今日ではソーシャルビジネスの役割はますます多く、大きくなっている。いわゆるグローバル・ビッグ・イシューがますます顕在化しているからだ。環境問題、人口爆発、エネルギー問題、水資源の問題、教育問題、治安の問題など人類が存続しうるか否かの難問が山積しており、社会インフラを丸ごと転換するくらいの取り組みが重要なのだ。

企業の社会貢献や寄付によって部分的に解決するケースもあろう。しかし社会のインフラまで省みる必要があるグローバル・ビッグ・イシューに対しては、しっかりとビジネスとして立ち向かわないかぎりブレークスルーは成し得ない。CSRや寄付ではノウハウと持続性、発展性に問題があるからだ。ビジネスモデルを仕立て、社会問題を解決しながら、得た利益を再び社会問題解決の原資に回すという循環のしくみをつくり、継続的に投資を続け、人々の生活や就労を支援しながら、現場で知を育むことが必要だ。

もはや、社会的責任を意識する企業にとっては、プロフィットビジネスとソーシャルビジネスは離れた関係ではない。特に社会インフラの決定的な不足による社会課題が経済的離陸を困難にしている新興国においては、企業の中で相互補完的にソーシャルビジネスを位置づけ、実践することにより、利益を社会貢献のために効果的に使い、その社会・市場が経済的に離陸するまでに自社の存在感を確立することができる。

また新興国でのソーシャルビジネスをビジネスとして回していくには従来の常識や慣習が通用しないことが多い。ヒト、モノ、カネ、情報といった資源の調達から販売やサービスの手法まで、新たなイノベーションを要求されるのは必至だ。なにせ貧困層にはカネもヒトもノウハウも何もない。社会問題だけしかない。しかし、そこで体を張って、知恵を使って乏しいリソースの中で貧困層のためになる格安な生活改善商品やサービスを提供するわけだから、これほど人材が鍛えられることはないはずだ。ソーシャルビジネスで一皮も二皮もむけた人材は本業に戻って大きな戦力となるはずなのだ。

そしてなによりも、将来のリーダーたちがソーシャルビジネスの経験を通じて、共通善をベースにした強い思いを持つことの重要性を認識するとともに、思いの視点の転換（自社だけの成長や利益だけの視点から、より広い社会のための視点へ）が促され、より大きな思いを持てるようになる。そのような強くて大きな思いを持ったリーダーが今、世界中で圧倒的に不足している。減成長、ソーシャルビジネス、グローバル・ビッグ・イシューという目線でわれわれの単純な成長志向のスタンスを転換していくことができる。

よい思いかどうかの判断力を高めるカギ：ジャッジメント・コール（Judgement Call）、デモクラシー、ダイバーシティ

思いをベースにするときにもう一つ重要なポイントが、自分の思いに固執しすぎずに謙

虚でいられるかだ。

ウィンブルドン選手権はテニスの大会の最高峰だ。一流選手がしのぎを削る。サーブのスピードも凄まじく、ショットの精確さにも目を見張る。それだけにジャッジが難しい。プレーヤーが打った球はラインギリギリのところを跳ねて一瞬にしてコート外に飛んで行く。入ったか、出たか。ギャラリーが固唾を飲んでジャッジを待つ。最後の最後に審判が判断を下す。それを「ジャッジメント・コール」という。

ビジネスの上でも「この仕事をやるべきか」それとも「やめるべきか」、難しい決断を求められる瞬間がある。一人だけで判断するのは難しい。幸い、ビジネスのジャッジメント・コールは審判が一人だけではない。現場経験が豊富で優秀な社員が大きなゴールや価値観を共有し、社会との接点で的確な判断力を持っていれば、また、彼らの間で「場」を重層的に作ることができていれば、ジャッジメント・コールが必要なギリギリの局面でも、社員の知を総動員するデモクラシーが機能し、よい方向につながっていくだろう。

そして、そこにダイバーシティが加わり、多様な価値観、多様な経験、多様な能力が作用しあうことで、判断力はさらに磨かれていく。均一による効率と統率は聞こえはいいが、井の中の蛙、自己保身に陥るリスクの方が大きい。

ギリギリの決断をするにしても、まずは多様な人たちの意見をよく聞くことで、現場の知恵をつぎ込んだ判断材料を得られる。もちろん最終的にはリーダーが決めなければならない。だが、そこにダイバーシティに裏打ちされたデモクラシーのプロセスがあり、的確な判断力を持ったメンバーを育て、彼らとの議論を経ることができればジャッジメント・コールの質を高めることができる。

一方で、ビジネスの現場は客観的でも時間的余裕があるわけでもない。むしろ極めて主観で判断せざるを得ないような、時間不足、情報不足、二律背反の状況がほとんどだ。皆が成果主義に没頭し、数字を追いかけてばかりいると現場に議論がわき起こらない。何のためにこの仕事をやるのか。理想とするものを描く力、すなわち個人の主観からなる思いがなくては、論理分析麻痺に陥ってしまう。

そのような議論ができない中では、主観を磨く機会もなく、自分の主観に自信のない、意見のないメンバー同士による客観的分析に頼らざるを得なくなってしまう。これではよい判断に導くデモクラシーが育たず衆愚政治になってしまうのは火を見るよりも明らかだ。

さらに成果主義の中では、トップのご機嫌を取る、上にお伺いを立てる、言われたことだけやるという傾向が強くなり、火に油を注ぐ状態に陥る。思考停止状態でも、日々の仕事はルーティンさえ確立されれば、思いがなくても乗り切れてしまうものだ。しかしそのようなデモクラシーのプロセスがない（議論の起きない）ところでは、状況が変わってもルーティンどおりに「正しく」ことが運ばれ、「誤った」組織的判断が導かれてしまう。東日本大震災の復興資金がまったく関係のない使途に投入された経緯と同じだ。とてもジャッジメント・コールが機能した仕事とは言えまい。

このような環境の中で育ってくるリーダーの思いの質も当然のごとく高まらない。そんな中でビジョンを決める、中期計画を決める、ビジネスモデルを革新するなど、企業にとって命運を左右するジャッジメント・コールが要求されても、よい判断が下せる自信も可能性もないのではなかろうか。それが思いのない組織の結末なのだ。

高質な思いをもって仕事に当たるには、このような常日頃の議論を通じて自分の価値観や判断軸を明確にし、高めていく必要がある。ヤワな思いだけでは、厳しいジャッジメント・コールには耐えられず、正しい判断を下すことはできない。ＭＢＢで思いを突き詰めていくプロセスが重要な所以だ。

思いを戦略に結び付けるカギ：ソートリーダーシップ

より高質な思いを持ち、それで世界を変えていくことにコミットするＭＢＢのためには、自分の思いへの賛同者を募ることが重要だ。そのような賛同者を募れるかどうか、思いを社会的に表明し、勝負を賭けること自体が、思いの強さでもある。

今までも企業はビジョンを示してきた。しかしそのビジョンが社会にどう関係するのか、何をもたらすのか、日本や世界の将来にどう寄与していくのか、そこまでの大きな文脈を自らつくり表明する意図はなかったのではないだろうか。成長至上主義が盲信された時代は（つい最近までだが）、ビジョンもビジネスも小さくまとまっていた。

　ビジョンとは「自社の成功のため」のゴール設定であり、どのような社会のエコシステムを創りだし、どういう社会を夢見ているのかまでは想定しなくてもすんでいた。過去の延長線上で、数値的成長は図るものの、それは真に社会が求めているものかどうかは問われなかった。ビジョンや成長戦略とは言いつつ、競争戦略に終始している場合が多く、前回の中計の焼き直し程度の、共通善に照らせば小手先と映る「Do more, better」で話をすませていたからだ。ビジョンが自社の外の世界と関連性を持つ必要性がなかった。

　ところが共通善が求められる時代に入ると、社会とつながらないビジョンは薄っぺらな一般論に感じる。どのように社会のためになるのか、その前提としてどのような社会になることを想定しているのか、自分たちはどのような社会を想像していきたいのか、このような未来創造の思いが問われてくる。

　単に、「わが社のサービスで皆が幸せになれる社会を創る」「わが社の新商品で人々がワクワクするような未来を創る」だけでは物足りない。ビジョンは未来社会への洞察と展望に満ちたものでなければならない。日本は高齢社会を迎えてどんな国であったらいいのか。世界の温暖化に対して自社はどういうスタンスをとるのか。グローバル経済が進展する中で貧困や格差の問題にどう貢献するのか、など自社のビジネスに関連する問題領域において、見識を持たねば、共通善を意識して、自社のビジョンを設定することはできない。

本気で未来社会につながる企業活動を志向するならば、自前主義、身内主義といった狭い枠を取り払って、ステークホルダーや同じ志を持つ人たちを巻き込みながら、皆で知恵を出し合っていかなければならない。キーワードはソートリーダーシップ（Thought Leadership）だ。このソートはもちろん企業活動のレベルだけではなく、一人ひとりが自分のソートとして、自分はどういう社会を目指し、そこでどのような知見を提供するのかを表明することも重要な思いの要素になることは言うまでもない。このような人は高い志があると思われるだろう。

ソートとは「社会共創思想」と訳している。ソートは次の3要素で成立する。

・未来社会を提示する
・自分、あるいは自社の深い信念と知見を有している
・他者（他の人々、組織、アカデミアなど）のこれまでの知見から学び、共創する

したがってソートリーダーシップは自身の掲げる未来社会イメージを現在進行形でとらえる。そして自分の属する社内だけではなく、外部の知恵との交差点において、そのイメージを実現するための知見を積み上げる。このプラットフォームの提供主となる覚悟と実践ができた企業だけがソートリーダーとなれる。世界の英知を結集し、社会共創の中心となる信念を表明するわけだ。

電気自動車事業のビジネスモデルイノベーションにあたって日産が掲げている「ゼロ・

エミッション社会の創造」とはまさに企業の掲げるソートの好事例だ。単に電気自動車を売るのではなく、どういう社会を創造するのか明確に打ち出している。このような発想が思いを高め、未来のより大きな善へ向かってわれわれの思考と行動を押し上げてくれる。

また、ソフトバンクCEOの孫正義氏も30年ビジョンを掲げ、世の中のデジタル化を推進していくために、障害を取り払い技術革新を進める決意を「志」として掲げているが、これもソートリーダーとしての心意気を明確に示す個人の好例だ。

こうしたソートを生み出すほどの強い思いが、MBBには重要であり、これが単に与えられた課題を解くMBOとの違いなのである。

個人の思いを解き放つカギ：WILL・CAN・CREATE

このようにMBBで要求される「思い」とは単なる希望としての思い、ナイーブな夢ではない。むしろ世の中にどうコミットしていくかという主体的な信念である。形式知化されて、その実行の決意表明として昇華されるものがMBBで言うところの「思い」なのである。

元ロンドン大学のスマントラ・ゴシャールはモチベーションと意志力を明確に分けている。モチベーションとはやりたいことをやる力であり、意志力とはやりたくないことでもやる力だ。いつもやりたいことばかりではないのがこの世の中であるわけで、未来は自分から切り開かないといけないのが辛いところなのである。それゆえ、まず自らがどうしたいのかを考えない限り、果てしなくわれわれは流されていく。流されていく中でも自分の意志を持ち続け、いつか流れがフォローに変わるまで踏ん張るしかない。そのような持続力の源泉が意志力と解釈できよう。そこにはやはり思いが必要なのである。

意欲的に仕事をする三つの秘訣として、よく語られるのが「WILL・CAN・MUST」だ。何をしたいのか（WILL）、何ができるのか（CAN）、何をしなくてはいけないのか（MUST）。この三つが重なるときが適材適所であり、社員はモチベーションを持てるのは確かだろう。しかし「MUST＝やらなければならない」が残る限り、仕事は与えられてやるものだという思考から逃れられない。MUSTが発想のジャンプを阻害する。真のモチベーションを持つにはMUSTを乗り越えて、自分のWILLでMUSTを書き変えていくくらいの強い思い・意志力が必要なのではないだろうか。MUSTを逆提案していくくらいの強さである。また、そこまではできなくても、MUSTを受け入れつつも意志力を強く持つためには、「秘めた思い」でMUSTを自分の将来の成長のネタにするくらいの強い思いが必要なのではないだろうか。

こう考えると、会社から与えられるMUSTではなく、自分が具体的に何を生み出すのか（CREATE）が重要なのだ。CREATEが明確になって、はじめて思いは価値を生み出し、周囲から認められるとも言えよう。CREATEがあってこそ、当面のMUST（プレッシャーだ！）に対しても、なんとか気持ちの上では五分に向き合える。WILL・CAN・CREATEで自分の思いを、時間をかけてでも実現していくことがこれからは自分の意欲を表す重要な指標になる。

考えてもみれば、この世の中に予定調和的な世界は存在しない。必ずこうなるという保証はない。「ブラックスワン」という言葉がある。想定外の驚くべきことが起きる様子を言い表すときに使う言葉だ。これまですべての白鳥が白色だと信じられていたのが、オーストラリアで黒い白鳥が発見されたことにより、従来の常識が崩れてしまったことから名付けられ、従来の知識や経験からは予測できない驚きの現象が発生し、大きな影響を与えることを総称したものだ。昨今は、何が起きるか想像がつかないばかりか、驚くべきことばかりが次々に起きるまさにブラックスワン満載の時代と言える。

米国での同時多発テロ、米国南東部を襲った超大型ハリケーン、リーマン・ショック、東日本大震災、タイの洪水、欧州債務危機など、予想しようのない大きな経済事件や天変地異がたくさん起きている。対応策は想定問答集のようにはいかない。ゼロベースでどう判断し、どのようなアクションをクリエイトしていくのかが問われているわけだ。

社員が皆、これまでのMUSTに従うだけでは激変する競争環境の中を企業は泳ぎきれない。企業は社員が自分で仕事をCREATEしていく環境を整えなければいけない。クリエイトしようとしている社員を力づけて（エナジャイズして）いかねばならない。与えられた目標をいかに効率的にこなすかが評価指標になる成果主義ではMUSTの色彩が強くなるばかりだ。仕事のモチベーションのベースをクリエイトに変えていくためにも、単純発想の成果主義と決別すべきであり、仕事をCREATEできる強い思いを持った社員を評価し、育てて活用する時を迎えている。

2 「思い」の力が仕事を面白くする

なぜ私たちは仕事をしていくうえで「思い」が大切なのだろう。たとえば稲作農家が「今年は30トンの米を作り、それを500軒の家庭に届けよう」と計画を立てたとしよう。30トン、500軒は数値目標である。だが、「安心・安全な米を日本中の人に食べてもらいたい」という思いがあれば、数値目標は思いを実現するためのプロセスとして位置付けられる。30トンが60トンになり、1000軒の家庭に安心・安全な米が提供できれば、思いがより実現し、社会に貢献したことになる。しかし思いがなければ何十トンの米を作ろうが、何百軒の家庭に届けようが単なる数値目標の達成の域を出ない。

もっとも、最近は「思い」という言葉が安売りされている気がする。「ちょっと私の思いを聞いてください」「思いはあるんですけどね」。こんな具合に日常会話の中で安易に使われている。

仕事への思いはそのような甘いものではない。信念であり、実践に直結するものだ。考えに考え抜き、あるいはギリギリの判断の中で試され、ほかの人たちの思いともぶつかり合い、融合しあい、鍛えられていくのが真の思いというものだ。それゆえ実践に直結する。実践なき思いは意味がない。ときに荒波の中を、ときに暗闇の中を進みながらもビジョンに向かっていく、その原動力となるのが思いなのである。

思いとは○○観

自分の思いが本物であるとき、それは自分が自信を持って○○観と言い表せる。自分の信念の表明だからだ。たとえば将来への思いであれば「思いとは未来観」となって、自分を導いてくれる。どこへ行きたいのか。何を達成したいのか。ビジョンや夢は何か。どのような社会を創りたいのか。こうした思いを自分のコンセプトにまで煮詰め、信念にまで高めたものが、すなわち未来観なわけだ。このように「思いとは○○観」と言い表すことができる。

また、仕事のやり方へのこだわりであれば「思いは仕事観」だ。お客様をこんなふうに感動させたい。仕事はここまでやってはじめて自分らしく満足できる。仕事を通してこんな生きざまや美学を見せたいなど、自分なりのプロとしての作法・流儀・秘伝・コツなどは、一流のプロになれば必ず持っている仕事への思いだ。これは仕事観として、プロに染みつくものだ。

これ以外にも、「人生観」「職業観」「人間観」など、さまざまな思いがあるだろう。しかし、いずれにせよそれらは単なる浮ついた、どこかの元首相が頻発したような妄言ではなく、自分としての実践を前提とした責任ある信念であり、生きざまそのものなのだ。自分の思いは本物か。「思いとは○○観」のフィルターにかけてみることにより、自分がどこまで強い思いを持って事に臨んでいるのかをセルフチェックできる。冒頭の稲作農家の例なら、安心・安全の米作りを突き詰めていった先の帰結としての思いは「職業観」となるだろう。

思いとは卓越性への道

思いを持つと、仕事は数字がどうのこうのと一喜一憂する域ではなくなる。仕事、それ自体を自分自身を表現するがごとく磨き込んでいくことに意味があるようになる。ひたすら卓越性を追求し、打ちこむ職人道のようなものだ。アリストテレスが重要視した「エクセレンス」の追求でもある。

エクセレンスを究めようとする仕事ぶりには周りから尊敬と称賛が与えられる。フランス・ボルドーのトップシャトーを見てほしい。最高の造り手は売上とは違う価値観を持っている。いかに最高品質のワインを造るか。自分の納得いかないワインの年はデクラッセ（格下げ）するシャトーもある。ブランドが通っていてもだ。誇りに思えるワインを造るのがワイナリーの唯一無二の目的なのだ。信念と言い換えてもいいだろう。

卓越性の追求はトップシャトーのオーナーやアーティストに独占される行為ではない。組織で働くだれでも職人道は追求できる。日常業務の中でもエクセレンスを追求できるのだ。自分の仕事に対して、こう問いかけてみてほしい。「やるべきことにゆらぎがないか」「数字よりも意味のある仕事をすることが上位概念になっているか」「とことん質を追求しているか」「世界のどこに出しても恥ずかしくない仕事をしているか」「世の中を変えるほどのインパクトのあるクオリティを込めているか」「極限までの努力をしているか」「自分を開き、他者のよいところを受け入れ自分を高め続けているか」。

そう問いかけながら仕事をやり抜いていけばエクセレンスへの扉が開くだろう。そして、そのような問いかけとは正に自分の仕事に対する信念の問いかけなのだ。このようなことに明確に応えられる「職業観」の持ち主として、仕事に向き合っているかどうかが問われているわけだ。

逆に、何でもかんでも食いつく、適当なところでお茶を濁す、流れに任せてこだわらない、制約や前提を無批判に受け入れる、前例踏襲で満足し価値創造には関心がない……。そんな仕事のやり方をしていると結果数字でしか、あるいは他人との相対比較でしか、自分の仕事を評価できなくなってしまうだろう。

したがって、職人道を目指せば、それは自分にとっては厳しい道のりにはなるが、成果主義の下で自分を打ち出さずに仕事をする場合と比べて達成感がまったく異なる。自分への挑戦であり、内因的モチベーションに裏付けられているからだ。

成果主義でも目標を達成すれば喜びはある。しかしそれは「ビアガーデン型」の達成感だ。皆でパーッと飲んで盛り上がる。そして、いったんリセットし、次の日からはまた新しい数値目標に向かってまい進する。

一方、職人道の達成感は一つの仕事を終えると、そのプロセスで学べたことが達成感となり、次はもっと能力を高めたいと思える。ビアガーデン型に対比するなら「ワイナリー型」の達成感だ。トップシャトーが今年のビンテージで満足せず、今年一年の学び、気付きを翌年に生かしていくのと同じだ。職人道の達成感は炎を燃やす薪である。もっと深い達成感を味わうための一押しなのだ。このような達成感を得て、さらなる高みへと自己革新を続ける旅路は強い思いを持ってこそ可能になるのである。

思いはグローバル

思いをベースにした仕事やマネジメントであるMBBは、日本でしか通用しないということはない。国境を越え、人種を超えて、思いの重要性は共通であり、MBBは世界中で通じるグローバルな概念だ。

スティーブ・ジョブズはアップルの経営者でありながら、自分は企業経営をしているのではなく、最高のコンピュータを開発するためにアップル社にいるのだと語った。

「私は『偉大な製品をつくろう』と意気込む人たちが集まる、永続する企業を築くことに情熱を傾けてきました。これ以外は副次的なものでした。もちろん利益が上がればすばらしいですよ。利益が上がってこそ偉大な製品をつくれるわけですから。ですが、動機はあくまでも製品であって、利益ではありません」

（『DIAMOND・ハーバード・ビジネスレビュー』2012年11月号）。

アップルは利益のためにMａcを開発したのではない。最高のコンピュータを開発するという思いを果たす場がアップルだったのだ。これをビジネスマンに置き換えたらどうなるか。たとえば人事部なら、人事部にいるから社員教育をするのではなく、最高の人材を育成するために人事部にいるのだ、となろう。

ジョブズはそのほかにも、「すばらしい仕事をするためには自分の仕事を好きにならなくてはいけない」「人生の時間は限られているのだから他人が考えた枠の中で生きてはいけない」と自分の思いを語っている。最高の仕事をする、自分の仕事を好きになる、自分で思考をめぐらし自分らしく生きる。これらジョブズの言葉は、国が違っても、業界が違っても、われわれの胸に響いてくる。そして、世界を変えたいという彼の思いは、ついにiPhoneやiPadでほんとうに世界を変えてしまった。これが思いをベースにした経営の凄みであり、アメリカでもまったく同様に、MBBは実践されているのである。

同様にスターバックスの創業者兼CEOであるハワード・シュルツ氏やヴァージングループCEOのリチャード・ブランソン氏、サウスウエスト航空の創業者であるハーブ・ケレハー氏など、欧米でも強烈な思いを持った経営者は、決して強欲資本主義のリーダーではない。高質な思いで会社を引っ張り、高い志で世界を変えている。

思いの重要性は企業レベルだけの話ではない。第二次世界大戦で英国を勝利に導いた首相、ウィンストン・チャーチルも、民主主義の勝利のためにすべてを賭けるという強い思いで英国、欧州、そしてアメリカの人々を引っ張り、世界に平和をもたらした。自分の思いをレトリカルに、多くの人にわかりやすく届ける達人であり、数多くの金言として結晶化させた。

「成功とは失敗に失敗を重ねても情熱を失わない能力のことだ」「未来のことはわからない、しかしわれわれが生きてきた過去が未来を照らしてくれるはずだ」といった形で彼の思いを人々に伝え、人々を鼓舞しつづけた。ナチスドイツとの息つく間のない激しい戦闘の中から日々、厳しい判断を迫られたチャーチルだから生まれてきた信念であろう。やはり、思いが人を動かすのであり、MBBは古今東西に通じる真理と言えるだろう。

また、欧米だけではなく、新興国でも思いの重要性は変わらない。インドの実業家、ラタン・タタは、貧しい一家4人が1台のバイクで移動する日常光景を見て「手ごろな値段で雨の中でも安全に移動できる交通手段を提供したい」という強い思いを持つ。その思いを基に、当時のレートで約28万円の「10万ルピーカー構想」を立てた。

そして、この価格ではとてもまともな乗用車などつくれないという外部の批評に屈せず、助手席側のドアミラーはなく、ワイパーも一本だけという形で、それまでの自動車づくりの常識を覆して「ナノ」を誕生させたのだ。値段は11万2735ルピーとほぼ目標どおりだった。タタの思いの強さが常識の壁を打ち破り、共通善にかなったクルマのイノベーションを実現したのだった。

今では赤字事業で苦しんではいるが、社会のためにという思いを持って、継続して取り組んでいる。その後GEがコンセプト化した「リバースイノベーション」もこの流れを汲む。新興国での社会的な課題を解決するために、新興国の条件（購買力がない、電力・水道・通信などのインフラがない、教育やスキルがない……）の中で、先進国で開発されたものが通用しない（高すぎる、高度なスキルが必要など）時、それでもどうやって新興国の人々のニーズに応えるのか。

GEでは米国で1万ドルもする心電図装置を、心臓発作の多いインドの人々のために何とか役に立ちたいという強い思いで、現地で使える技術をゼロから開発し、最終的には800ドルの心電図装置を生み出すことに成功した。こうした開発スタイルをリバースイノベーション（新興国発の革新）というが、そこにはこれまでの先進国主導の開発スタイルの常識を打ち破る強い思いが不可欠であった。

GEのLGT（ローカルグロースチーム）のオズウィン・バルゲスは、インドの貧しい人々にも医療を提供したいという強い思いを持ってGEを変え、世界を変えたのだ。

このように未知の世界で大きなことを成し遂げるとき、思いの重要性は世界中で変わらない。またその大きな目標を達成するときに伴う困難を乗り越え、一つひとつ問題を解決していくたゆまぬ努力は卓越性を求める職人道の細かな努力の積み重ねであり、その裏にある情熱である。これも世界中のどこでも必要なものなのだ。このように思いをベースにした仕事やマネジメント、経営こそが世界を変えるのであり、今この混沌とした世界でこそ、強い思いが求められている。日本においてはなおさらだ。

○——思いは脳のしくみにかなっている

MBBの根幹を成す思いを持って仕事をする態度は、実は脳のしくみにもかなっている。

脳科学者の林成之氏によれば（『脳に悪い7つの習慣』幻冬舎新書）脳に悪い七つの習慣とは次の項目である。

1 「興味がない」とものごとを避けることが多い
2 「嫌だ」「疲れた」とグチを言う
3 言われたことをコツコツやる
4 常に効率を考えている
5 やりたくないのに、我慢して勉強する
6 スポーツや絵などの趣味がない
7 めったに人をほめない

自分の思いをベースに、仕事の意義や価値を考え、大きなビジョンに向かっていくのがMBBの本質だ。仕事に自分の思いを乗せていくのだから「興味がない」というのとは正反対である。「興味がない」「嫌だ」「疲れた」という言葉は成果主義の下で生まれてくる。数字に追いかけられて「疲れ果てた」「もう仕事を見るのも嫌だ」と疲弊感、嫌悪感が募る。それでもやらなければならない仕事があるとしたら、感情を押し殺し「興味がない」状態を作らないと継続は無理だ。逆に、自分がやりたい仕事に取り組んでいるときは楽しいし、時間が過ぎるのさえ忘れるものだ。

言われたことをコツコツやる、常に効率を考える、やりたくないのに我慢してやるというのも成果主義の下での行動だ。ＭＢＢでは、言われなくても自分の興味のあることを始めてしまうし、仕事は効率よりも共通善に沿っているかが上位の価値となる。ＭＢＢはやることに枠をはめない。上司から自分に与えられた範囲を超えて仕事への興味・関心を広げていくのがＭＢＢである。

だからＭＢＢを実践していくことは脳によいということができよう。逆に仕事に思いがなく、ＭＢＯによって数字だけを追いかける仕事のやり方は脳にとって百害あって一利なしであると言えそうだ。このことを林氏は脳の構造でも示している。

林氏によれば、脳には「ダイナミック・センターコア」と呼ばれる個所があり、それが「思考」を生み出す。ダイナミック・センターコアでは、「Ａ10神経群を巻き込んだ渦巻きが感情を伴う『心』を生み、記憶機能を巻き込んだ渦巻きは、過去の記憶と情報を照合することで『考えの正当性＝信念』を生み出している」。すなわち、感情と理性が相まって思考は生まれわれわれの活動は高度化するのだ。

このように右脳を全開にするＭＢＢは、左脳をフルに活用するＭＢＯとペアで用いることによりわれわれの脳の構造にマッチした「脳によい習慣」を形成し、仕事や人生に臨むことができるようになる秘訣と言えそうだ。

3 MBB：「思い」のベースとなるキーコンセプト

これまでは、「思い」に関する基本的な要素を考えてきたが、以下ではそのような高質で自分事化された思いをベースにしてマネジメントする「MBB」に重要になるいくつかのコンセプトについて述べてみたい。

しみじみ感

日本人はよく夢を語らないと言われる。「川の流れは絶えずして、しかも元の水に非ず」というような連続性や、諸行無常のような自然や永遠の中に身を任せるという仏教的、多神教的な価値観があり、自己主張をして我を張るよりも、流れに身を任せ生きていく生き方に慣れている面があるからなのかもしれない。確かに大胆なビジョンや夢を掲げるチャーチルやスティーブ・ジョブズのような雄弁なリーダーは少ないかもしれない。しかし日本人に夢がないわけではない。ビジネスマンであれば、誰しも入社するとき夢を膨らませて会社の門をくぐったはずだ。

しかし夢よりも短期的成果や収益を重視する経営の中では、その夢に思いを込めて追求する機会は残念ながら限られてしまう。その結果、知らず知らずの間に現実の仕事と夢を分離する癖がつき、夢とは青臭い、非現実的で何となくふわふわしたもので、会社の中で語るにはふさわしくないものと定義づけられてしまう。本気で夢を語り、実現する場も与えられなければ、夢に向かって努力する態度も生まれてこない。とりあえず目の前の課題を片付ける「目の前症候群」に侵され、慢性化してしまうのだ。

しかし夢を叶えられるのは一握りの天才かエリートたちだけなのだろうか。そんなことはない。夢を見なくなってしまったから、夢を語らなくなってしまったから、実現しないのではないだろうか。現実を唯唯諾諾と受け入れていては、ジャンプはできない。現実の中で埋没していては、ありたい姿へは向かえない。

MBBを共同で提唱してくださっている一橋大学の野中郁次郎名誉教授は言う。

「真理の追究は、利潤追求の企業組織では甘い理想主義かもしれないし、限界があるのかもしれない。しかしあるがままの現実と戦うばかりでなく、真理性を追究しながら目の前の現状を打破していくものこそが、革新の主体であることも事実であろう」

「私の目に映る、勢いを失った企業とは、経営者や幹部が分析屋ばかりになって、夢や思いを大切にしなくなった企業です。こうした企業なのかどうかは、私が現場に行って、『あなたの会社のビジョンは何ですか』といった問いをすると、その答えですぐにわかってしまいます。志を見失った組織は、本質を掘り下げて考える力も弱いものです」

夢やビジョンを持ち、現実と闘っていく姿勢こそまずスタートとして重要なのではないだろうか。

ただし、大きな夢は一人では実現しない。夢に自分の思いを込めて外に向かって語らなければ何も始まらない。周りに語りかけ、自分の夢を皆の共通の夢にしていかなければ、夢は夢で終わってしまう。日本人でも先人を辿れば本田宗一郎や盛田昭夫、豊田佐吉、松下幸之助はもちろんのこと、岩崎弥太郎、益田孝はじめ、戦後、維新の時代などで、私たちの先輩たちは大いに夢を語っているのだ。今日でもソフトバンクの孫正義社長、楽天の三木谷浩史会長兼社長やファーストリテイリングの柳井正会長兼社長らベンチャー経営者も大いに夢を語っている。

このような人々が語る夢は、単なる夢とどう違うのだろうか。

そこには単なる夢物語では終わりそうにない魂や気迫がある。気迫のある夢に触れたとき、すなわち夢と現実が一体になりそうなときに私たちは、「あぁ、この人の語ることはホンモノかもしれない」という深い共感を覚える。「これはすばらしい。ぜひ実現したい」とほとんど本能的に直観する。まさにそのような本気の夢こそがＭＢＢでいう「思い」なのだ。この時の深い共感のことをＭＢＢでは、「しみじみ感（Reflective Empathic Resonance)」と表現している。しみじみするかどうかが、本気の思いかどうかなのだ。

図表1-5　**しみじみ感の3要素**

【しみじみ感】 Reflective Empathic Resonance

・しみじみ感とは、目標や実践についての深い心情的な共感が得られた状態
・ものごとの本質を突いた物言いに自分事として共鳴する状態
・相互主観性（inter-subjectivity）

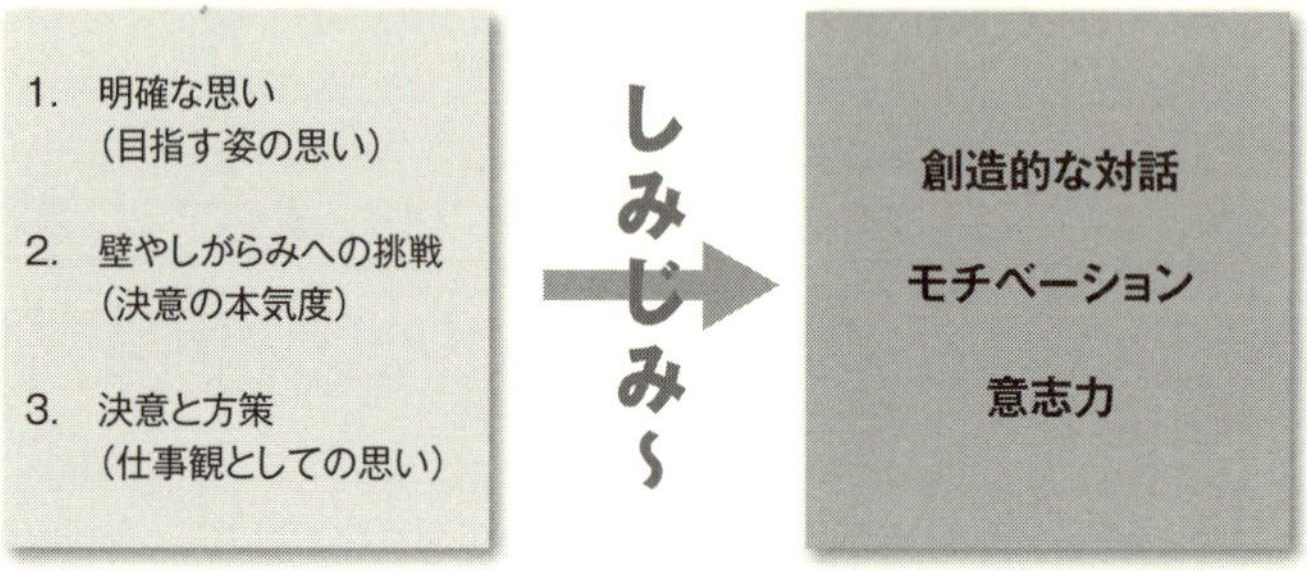

しみじみ感を決める要素をＭＢＢでは「思いのピラミッド」として定義しており、それは本書で後述するが、そこには、「明確な思い、ビジョンや夢」、次にその夢を達成する際に立ちはだかる「壁やしがらみ」の存在の明確な認識、そしてそれをどうやって乗り越えていくのかという「決意と方策」が必要になる。

夢がなくては話にならない。しかしすばらしい夢であればあるほど実現は困難なはずで、それを単なる夢物語で終わらせないためにどこまで深く真剣に悩み失敗を通じて考え尽くしているのか。それが壁やしがらみとして意識されていなくては本気度は伝わらない。また、それをどう

図表1-6　「しみじみ感」のない目標 vs.「しみじみ感」のある目標

	「しみじみ感」のない目標	「しみじみ感」のある目標
前提条件として、自分のビジョンや思い	ようやく景気もよくなり、手術器具業界全体の受注件数も増えてきた。	現在、医療ミスが大きな問題となっているが 医療器具の販売に係わる者として、現場の医師・看護師を助け、その解決に資したい。
ビジョン達成のための目標、KPI	他社の動向もみると、わが第6営業部としては、昨年度より売上総額を20%伸ばす方向で行きたい。	わが社の戦略新商品であるAシステムを用いて手術ミスを事前に防ぐ病院の体制づくりを今年度は最低5件以上実現したい。
乗り越えるべき壁への思い	上司の説得だ。20%も伸ばせば、上からは文句は出ないだろう。	現状、わが社のイメージは手術器具のベンダーに過ぎないが、そこを乗り越え、病院経営のパートナーとして認められていく必要がある。
突破するアクション（方策）とそれを編み出す思い	まずは売れそうなところを片っ端からあたって行こう。	長い時間を要する手術準備作業から現場の医師・看護師を解放し治療に専念できる環境を、個々の状況に合わせ整備していく。

やって片付けて行くのか、そのスキルや戦略がなくては実効性を感じさせることはできない。このような三点がしみじみ感の重要な要素になる（図表1－5）。

　図表1－6を見てほしい。本質的な思いを語っているのはどちらだろうか。どちらに読者の皆さんはしみじみ感を覚えるだろうか。

　しみじみする、すなわち深い共感を覚える状態とはすなわち、相互主観（inter-subjectivity）の状態である。自分の思いが同時に相手の思いにもなるわけだ。「自分の思いはあなたの思い」「あなたの思いは自分の思い」という思いを共有している状態だ。

映画や小説での登場人物の語り、スポーツ選手や芸術家の自己表現、大きなことを成し遂げた人の思いの吐露など（政治家からはあまり聞けない）、私たちは日常の中でしみじみする瞬間に結構遭遇している。「いい話だった」「思いを感じた」などの感想を述べるとき、そこには相手の思いを共有している自分がいるはずだ。

問題は、そのような会話が今どれだけ企業の中で交わされているかなのだ。しみじみとした対話の場がどれだけあるだろうか。しみじみ感のあるビジョンを会社のトップから聞いたのはいつだろうか。あるいは上司から聞いたのはいつか……。

原体験

思いにも弱いものから強いものまである。MBBで重要なのは先にも述べたように自分で実現したいという強い覚悟を持つ信念としての思いだ。仕事観や人生観として語ることのできるレベルまで信じて実践している思いだ。相互主観性を呼び起こすほどの思いが人を巻き込み、実現への道を切り拓く。やはり強い思いを発するからこそ周りの人の共感を呼び、さまざまなしがらみや壁を乗り越え、夢やビジョンが実現していくのである。

では、どうやって人は強い思いを持つのだろうか。そのきっかけには自分の忘れ難い「経験」や「出会い」があるのではないだろうか。突然「降りてきた」場合もあるかもしれないが、その背後には必ず深い問題意識があり、そこに刺さったかどうかだろう。その深い問題意識は、どう生じるのか。そこには、人生の中の数多くのできごとの中で「ハッ」と思った瞬間や、「こんなにすごい人がいるのか」と感動した出会い、強く心が打たれた善いことや悲惨なことへの遭遇などがあるのではないだろうか。

そういう経験や出会いの中で特別にインパクトの強烈なものが「原体験」だ。原体験が核となり、私たちは問題意識を育み、自分の思索を重ね、行動も制御するようになる。「自分はこうなりたい」「世界はこうあるべきだ」「将来はこういうふうになったらいい」「これからはこういうことは許されない」などと思いを深めていく。仮説を持ち、対話や行動で検証していくことで、思いは強化のスパイラルに入っていく。

このような思いのスパイラルに入っていくきっかけになる原体験とは「Defining moment」、つまり「これだ！」と思った決定的瞬間である。人生を決めた瞬間と言ってもいいだろう。

たとえば『奇跡のリンゴ』（石川拓治著、幻冬舎）で知られる木村秋則氏。絶対不可能だと言われた農薬も有機肥料も一切使わないリンゴを栽培したリンゴ農家である。日本の自然農法の始祖、福岡正信氏の書『自然農法　わら一本の革命』（春秋社）に出会い、衝撃を受け、自分も自然に沿った形でリンゴを栽培したいと思い込む。

しかし艱難辛苦の日々が待っていた。無農薬に切り替えてから何年も何年もリンゴはならず、かえってリンゴの木は衰弱していったのだ。木村さんの一家は大変な貧乏をし、周りからはおかしくなったとまで思われる。金銭的にも精神的にも追い込まれ、ついには最期の時を迎えようと山奥に入り込んだそのとき、生き生きとしたどんぐりの木を見て「ハッ」と思ったのだ。農薬をかけていない、このどんぐりの木たちがなぜこんなに元気なのだろうかと。そこから、実は土の状態が大事だと気づき、無農薬のリンゴ栽培の実現につながっていく。無農薬に挑戦してから8年後のことだった。

木村氏が福岡氏の著書に出会わなければ無農薬でリンゴを栽培するという当時は不可能と思われたチャレンジに心動かされることはなかったであろう。また山奥でどんぐりの木を見なかったら夢は夢で終わってしまっていただろう。2回の原体験が奇跡のリンゴを生んだのだ。

一般のビジネスマンの場合、これほど強烈な原体験は持てないかもしれない。しかし与えられた仕事や自分の部署の中に小さく縮こまるのでなく、アンテナを外に向けいろいろな体験や出会いを重ねるうちに、そのうちの一つが自分の思いやビジョンを育むきっかけとなる可能性は高い。

MBBでは強い思いが重要だが、その背後にある原体験を得るために、会社やルーティンに縛られない生き方をしていくことが重要な作法になるわけだ。それは自身の知的創造性を増すための一工夫と言ってもいいだろう。創造性とは暗黙知の組み合わせの技だからだ。いろいろな体験、出会いを通じ、他者の思いに触れ、暗黙知の共同化（Socialization）

を通じて、自分の思いは育まれる。豊かな暗黙知を育てる生き方をどう自分の仕事の中に埋め込むことができるかがポイントだ。

○――メッセージ力

MBBは皆が思いを共有し、一人ではできない大きな夢を達成していくプロセスである。それゆえ、思いを伝え共有する力、共感を得るスキルが重要になる。この点グローバル化が重要になっている昨今、特に目立つ日本人の課題が「メッセージ力の欠如」だ。メッセージ力とは単に英語の語学力や知識量、話し上手ということではない。日本人の発信の問題の本質は発信が「情報」だけであり、「メッセージ」がないということなのだ。

事実関係はしっかり説明できるが、で「自分は何がしたいのか」「何が重要だと判断するのか」「どうしてほしいのか」という結論や呼びかけ。これがメッセージであり、それがないのだ。いくら上手に話ができても、単なる解説であり、自分の主観、自分の意見がない。いわば一番の核となる部分が欠けている。顔が見えないわけだ。

メッセージ力は、相手にインパクトを与え、心を動かす力であり、発信力とも言える。これは自分の思いがなければ発揮できないのは当然だろう。思いがなければ、何を言っても解説や一般情報で留まってしまい、自分らしさは出ず、共感は得られない。

人に話をするときは、いかに上手に話すか、内容のロジックや情報量、奇抜さに目がいきがちだ。いわゆるスピーチのテクニック論になってしまう。しかしそれ以上に重要なのが自分の伝えたい思いだ。拙いしゃべり方であっても、気の利いたことが言えなくても、自分が悩み、考えたうえで、「皆に伝えたいのはこれだ」と思えるメッセージはそれ自体に力が溢れるものだからだ。このような核があったうえで、それをさらにうまく伝え、多くの人を巻き込む力としていくには、レトリックを駆使したメッセージ力が大切になっていくが、これについては後述する。

いずれにせよ、MBBにおいてはメッセージ性のある発信ができるだけの思いを持つことが組織の一員、あるいはリーダーとして極めて重要なメルクマールになるということだ。

自分はメッセージを発信できているのだろうかとチェックしてほしい。すなわち自分のやりたいことは何なのかを明確に持っているかどうかだ。

○――高い志によるMBOとの連動

思いをベースとするMBBは一見、数値や成果をベースにするMBOに対置する概念だ。しかし高い志を持って夢の実現に向かうとき、MBBとMBOが連動し始める。MBBとて推進するためには道程が必要だ。夢を実現するためにはこれを達成しなければ先に進めないという道程である。そのときマイルストーンとしての数値目標が効果的な場合がある。

図表1-7　MBBとMBOはクルマの両輪

夢に推進力を与えるには思いを強くするだけでは十分ではない。確実な歩みを担保するため、合理的論理的な方策を戦略的に考える極めて左脳的なプロセスが必要であり、しがらみや壁を破るためには権謀術数のマキアベリ的戦術や政治力も重要になる。MBBの実践においては、こうしたシャープな左脳とパワーのマネジメントも大いに必要になる。数字にブレークダウンし、論理分析的にプロセスを組むことが重要な要素になる。そういう意味でMBOはMBBと一体化しないといけない。それが巷間の成果主義とどう違うのか。成果主義はMBOしか動いていないところが問題なのだ。数字とプロセスだけが回っているだけで、思いや高い志が抜け落ちてしまっている。

大事なのは表裏一体の関係性だ。本来、MBBが主役であり、自己表現であり、フロントストーリーである。そしてそれを確実に支える論理層としてのバックストーリーがMBOでなければならない。MBOは

ＭＢＢが確実に進んでいるかどうかを裏付けるしくみであれば存在意義があるわけだ。ところが現在はＭＢＯしか動いていないため、ＭＢＯがフロントストーリーになり、人々は無目的的に数字を追いかけることになってしまっている。思いという軸がないから、数字とプロセスだけが空回りをしている。

企業活動にＭＢＢを埋め込むことでＭＢＯは背景に下がり、本来のバックストーリーとしての役割を果たすようになる。そしてＭＢＯに代わってＭＢＢがフロントストーリーとして働き始めるとき、ＭＢＯとＭＢＢが連動し、夢の実現に向かって仕事や組織の歯車が動き始めるのだ。

自分らしさ

成長神話を追い求める企業、成果主義が幅を利かせる職場、私たちはそんな環境で働いていると、自分を見失ってしまうことがある。目の前の仕事に埋没し、必死に数字を達成しなければならない。自分を振り返る余裕はない。誰がやっても同じようなものだ。人格は失われ、自分のような「誰か」が働いているにすぎない。自分はまるで借り物のようだ。

思いを込めて仕事をするとは、借り物の自分を排除することである。思いの中から自分らしさが芽生えてくる。仕事に対する覚悟が生まれ、自分の立ち位置がはっきりと見えてくる。薄明かりの中では影も薄ぼんやりとしてしまうが、煌々と灯りが点れば影もくっきりと輪郭は明確になる。照度を上げる、つまり思いを強くして、それで自分や仕事を照らしてみるのだ。そうすれば自分の考えも旗色鮮明となり、価値観にぶれが生じなくなる。

とはいえ、誰もが知るとおりこれは困難な道だ。組織の中で生きていると「そういうことになっていますから」「言われたとおりやりました」「みんなそうやっているから」で通した方が楽なことが多い。実際そうなっている組織が大勢だろう。覚悟を決めたり、自分の立ち位置をはっきりさせると面倒が持ち上がったり、思わぬ障害が目の前に立ちはだかるものだ。実際、思いやビジョン、夢などなければ、毎日は淡々と流れ、どれだけ楽だろうかとふと思ってしまう。

しかしそこで安易な道に流されれば、いつか虚しさに気づくだろう。また周囲のやる気のある人たちの足を引っ張っていることには気づかないだろう。いつまでたっても自立できない。リーダーシップも身につかない。思いを強く持って自分らしさ、覚悟、立ち位置を明確にしていくことが、自分にも周囲にも重要だ。誰でもいろいろな顔を持っているものだ。会社にあっては課長や部長という役割があり、男であれば家庭にあっては夫や父親という立場があり、趣味や学問・芸の世界では師匠や弟子といった関係があるかもしれない。さまざまな顔を持ちながら、それぞれの世界でぶれないことが重要だ。

何かをするときに「自分らしくやっているだろうか」「自分らしさを表明するとしたら何だろうか」と問いかけてみるといい。それぞれの局面でその問いに答えているうちに自分らしさが滲み出てくるだろう。最初はわずかな自分らしさかもしれない。しかしやがては、はっきりとした自分らしさになってくるだろう。覚悟が決まり、立ち位置が決まってくる。そうなると自分の流儀が定まり、少しくらいの障壁は突破する力に変わる。

自分らしさというと、自分は平凡な人間で「自分らしさ」などないと思っている人がいるかもしれない。

元東京工業大学世界文明センター長で、宮沢賢治の研究者でもあるロジャー・パルバース氏は『もし日本という国がなかったら』(集英社インターナショナル)の中で、「日本人にはオリジナリティがない」と言う日本人に対して、葛飾北斎や宮沢賢治、坂口安吾などを取り上げながら、日本人には元来、独創的な創造性があると語っている。そしてその根底には「意志の強さ、勝ち気、負けん気」といった日本人の国民的性質があって、日本の偉大な創造者たちはいつも「自分の最高傑作はまだこれから作るものと思っていた」と語っている。

パルバース氏はまた「一国のオリジナリティとは、基本的にはその国の過去のあらゆる文化を再発見、再発明、再創造することから始まる」と指摘する。

私たち個人も過去のキャリアを見直してみよう。何かにこだわりがあれば、どうしてこだわるのだろうと突き詰めてみよう。そうやって自分らしさを再発見、再発明、再創造してみるのだ。そしてパルバース氏が言うように「自分の最高傑作はまだこれから作るもの」

と考えれば、そこにオリジナリティが出てくるはずだ。

第1章では成果主義の限界を語りながら、それに代わる概念としてMBBを対置した。MBBは個人の思いから始まる。仕事を通じて、ビジネスを通じて共通善を実現していくのだという高い志にスポットを当てる。今日のような報酬をニンジンのごとくぶら下げられた成果至上主義の現状を打破して個人を取り戻す。もっと言えば人間性の回復がMBBのゴールだ。同時に、MBBは常に自分にエネルギーを与え、現状に引き戻されそうになる慣性や現状のコンフォートゾーンに安住してしまいたくなる気持ちを抑える拮抗力(countervailing power)だ。現状維持の力に抗して高次元の高みへとジャンプアップする自分を支える。

第2章では、個人が抱いた思いを高質化し、多くの人の思いとぶつけ合って弁証法的にスパイラルアップしていく方法を具体的に解説していこう。

第2章

個人としてＭＢＢを実践する四つのフェーズ

1 個人の思いを育む

ＭＢＢを実践するためには四つのフェーズがある。最初に「思いを育む」必要がある。次にその「思いを表出化」する。すなわち自分の暗黙知としての思いをコンセプトに高め、明確な柱にする。そして表出化した思いをきちんと「正当化し、実践する」。そのときに重要なのが「皆で思いを共有」し挑戦することだ。このように思いを実践し、共有していくことで、次の高みに向かうことができる。以下ではこの四つのフェーズに沿って、ＭＢＢを実践していくツールやコツを述べていきたい。まずはどうやって個人として思いを高め実践していくかだ。そしてそれを組織としてどう支援し、ＭＢＢを組織全体でどううまく回していくかだ。順に見ていきたい。

最初のフェーズは「思いを育む」だ。一人ひとりが思いを育むためのツールとしてここでは四つを挙げておきたい。それは、セルフコーチング、書評ライティング、シャドーワーク、ロールモデルだ。

まずは、セルフコーチングから見ていこう。

図表2-1　**MBB実践の四つのフェーズ**

MBBは、①思いを育む、②思いを表出化する、③思いを正当化し、実践する、④思いを共有する、の４ステップを回して実現していく。

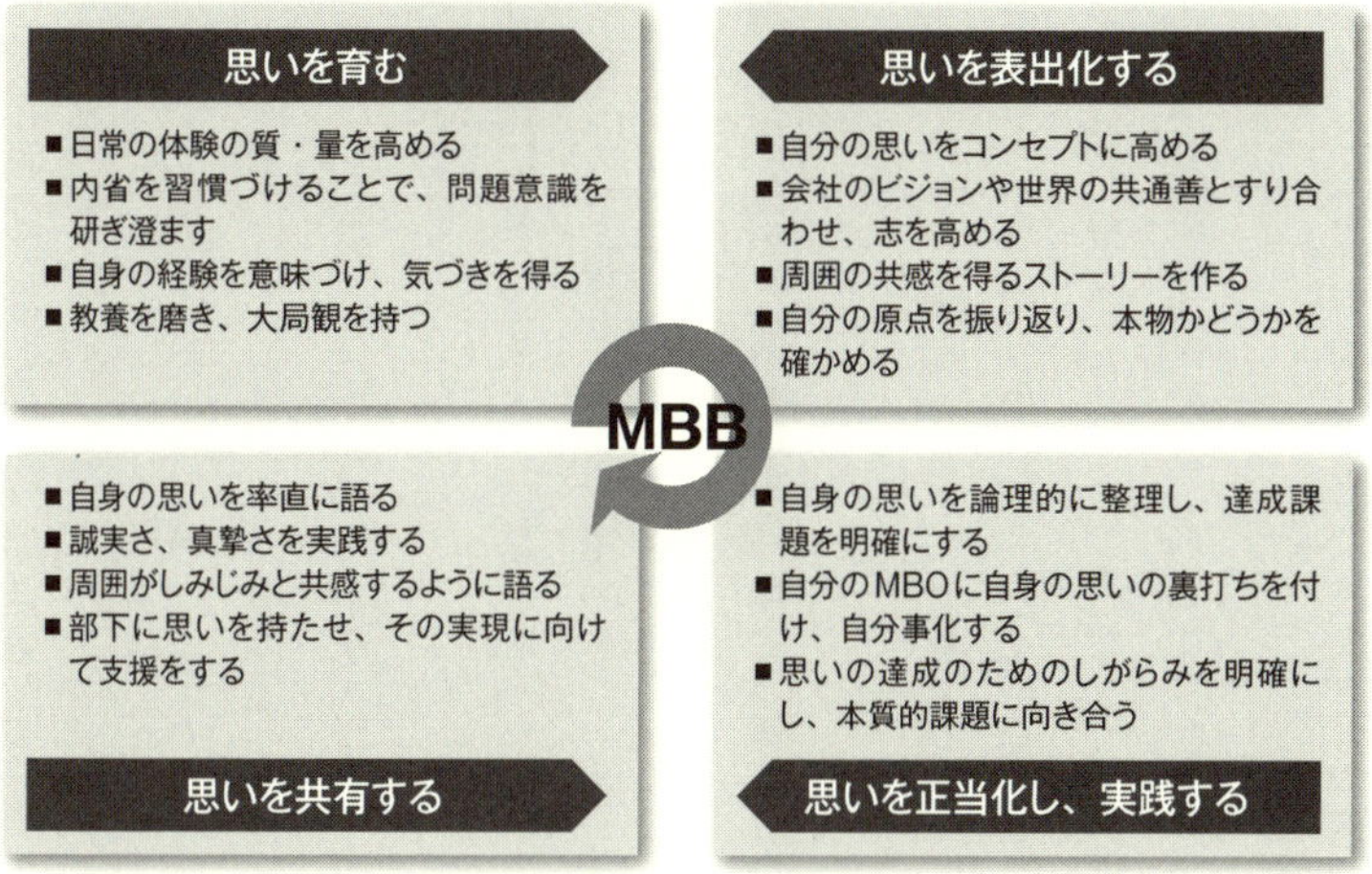
思いを育む
■日常の体験の質・量を高める
■内省を習慣づけることで、問題意識を研ぎ澄ます
■自身の経験を意味づけ、気づきを得る
■教養を磨き、大局観を持つ
思いを表出化する
■自分の思いをコンセプトに高める
■会社のビジョンや世界の共通善とすり合わせ、志を高める
■周囲の共感を得るストーリーを作る
■自分の原点を振り返り、本物かどうかを確かめる
MBB
■自身の思いを率直に語る
■誠実さ、真摯さを実践する
■周囲がしみじみと共感するように語る
■部下に思いを持たせ、その実現に向けて支援をする
思いを共有する
■自身の思いを論理的に整理し、達成課題を明確にする
■自分のMBOに自身の思いの裏打ちを付け、自分事化する
■思いの達成のためのしがらみを明確にし、本質的課題に向き合う
思いを正当化し、実践する

○——セルフコーチング

あなたの今の仕事・職業への思いや夢はなんだろうか。誰にでも思いや夢はあるのだろうか。まったくない人もいるかもしれないが、あると思う人にとっても、それはどの程度明確に意識されているものなのだろう。思いや夢はありそうでいて、明確ではない場合が多いのではないだろうか。

実は、われわれは普段からそんなことを考えてばかりいるわけではなく、諸々のやらなければならないことに追いまくられてせわしなく時間を消費してしまっている。自分がどこに向かいたいのか、何を重要視しているのかを意識せずにいても、生活はできてしまう。思いや夢を育み、実現していくのはそう考えると並大抵ではないわけだ。スポーツ選手が金メダルをとるまで世界一になるという強い思いを意識化し、持ち続けるのが大変なことだというのとまったく同じことだ。日々のMUST業務に追われ、その目標達成のストレスに晒されていると、何も考えなくてもいいように効率的な仕事のやり方をパターン化したり、自分の楽しみを仕事と切り離しオフの時間に求めるようになる。

仕事の効率化に執心すると、仕事を磨いて一流を極めていくという思いを育むモードは停止状態となってしまう。また仕事のオン、オフをデジタルに切り替えると、せっかくオフの時間に仕事を高質化するチャンスがあってもそれに気づかなくなってしまう。こうした環境に慣れて二項対立型のワークライフバランスが身についてしまうと思いは消え失せ、夢も見なくなってしまうだろう。

現状の波間のうちに漂流しないためには内省のプロセスが必要だ。日常の経験を意識化するプロセスだ。「この仕事は何のためにやっているのか」「今日一日何を学んだのか」「もっとうまくやれなかったか」「自分はこのままでいいのか」「世界の水準と差はあるのか」……。そういった疑問を常に自分自身に投げかけ自分なりの答えを出していくのが内省のプロセスだ。

MBBでは、内省の手法として「セルフコーチング」を基盤に置いている。セルフコーチングは自分との対話だ。日々の出来事を振り返る質問項目を用意しておき、その日自分が実行したこと、ニュースや周りの人たちが話していて気になったこと、上司の指摘などを内省のプロセスにかけてみる手法である。たとえば下記のような質問を自分に投げかけてみる。

・どうしてそれが気になったのか
・どうすればよかったのか
・問題の真の原因は何か
・原則は何であるべきか
・（社会的なことや周囲のことであれば）自分の仕事や自社の事業に当てはめたらどう考えるべきか
・社会的な意義、共通善の観点からはどうすべきだったのか

このような質問項目で、今日気になった出来事を振り返り、自分との対話を深めることがMBBの第一歩になる。1日10分のラジオ体操のようなものであり、携帯で帰宅途中でもできるかもしれない。セルフコーチングはさまざまなケースで自分の思いを試すことができる。その繰り返しの中から自分らしい発想や一貫したポリシーが浮かび上がり、凝縮してくる。

たとえば次のようなニュースが気になったとしよう。

「世界保健機関が、世界でうつ病などの精神疾患で苦しむ人が少なくとも3億5000万人いて、毎年自殺する100万人近くのうち、うつ病患者が占める割合は半数を超えていると推計した」（出典：2012年10月9日、世界保健機関［WHO］の発表による）

このニュースを聞いて心に何かしら引っ掛かったとする。それを流さず、「そのニュースから何を感じたか」「なぜ自分はそれが気になったのだろうか」「自分の身の回りに当てはめてみたら、何が言えるだろうか」といったことに思いを巡らし、日記（ブログ）やメモに書き留めてみるとどうだろう。

こんな感じで書き留めてみる。

▽何を感じたか

日本では以前からうつ病の問題は深刻で、14年連続で自殺者が3万人を超えているが、まさか世界中にうつ病の問題が広がっているとは思わなかった。

▽なぜ自分はそれが気になったのだろうか

最近は本社オフィスに外国人社員が増加しているし、海外拠点も増やしているところだ。今、自分は人事担当で、社員のメンタルの問題を扱わなければならない立場にあるから、自社のグローバル化はこんな面でもかかわりが出るかもしれないぞとギョッとした。だからこのニュースが気になったのだろう。

図表2-2　セルフコーチングのフォーマット

1. 今日のできごと、気になったこと	2. 気づきの深掘り（何を思ったり、考えたのでしょうか?）
3. 自分の仕事や人生の問題意識、モチベーションとの関係	4. 今後の自分に活かすとしたら?（夢や具体的な課題につながるか）

▽自分の身の回りに当てはめてみたら

そう言えば、中国人社員の○○さんが最近元気がないようだ。故郷が懐かしいからだろうと考えていたが、それ以上に仕事の悩みやキャリアへの不安などがあるのかもしれない。今日、早速、聞いてみよう。

こう自分に問いかけ、それに答えてみる。一つのニュースから何を自分がすべきなのかが具体的かつ明確に見えてくる。このケースは自分の今の仕事と結び付いているが、さらに発想を広げると、「自分は世界中の人がうつ病の心配がなく暮らし、仕事のできる環境を整えたい」といった大きな共通善にもつなげていけるだろう。

また「グローバル化に伴ってうちの会

社らしい人事制度や働き方の環境整備をしていくことを自分の夢にしていくのも悪くないかもしれないな」と仕事への思いを捉え直すきっかけになるかもしれない。

こうやって毎日、少し気に留めたテーマでセルフコーチングを行ってみると、それがやがて自分の思いをあぶり出し、強化するプロセスになっていく。思いを持つとはこのようなベーシックな作業からできることなのだ。

○――書評ライティング

自分の思いをさらに進化・深化させるのにうってつけの方法が「書評ライティング」だ。学者、経営者や有識者は自分の知を形にして確認し、世に問うて高質化したり、共有して社会をよりよくしたいという思いで本を書く。読書が楽しいのは、そのような本に込められた著者の思いに触れて、共感して自分の思いが確かめられたり、自分なりの感じ方が湧きでてくることで自分の思いを持てるからではないだろうか。そのような読書の楽しさを通じて自分の思いを意識する瞬間をうまく閉じ込めるのが書評ライティングだ。MBBの書評ライティングは単なる感想文ではないし、著者の主張を第三者的に批評するのでもない。著者の思いを土台にしながら、自分の思いを育む作業だ。

本には、著者の経験や研究をベースにした骨太な思想や、それを必死で読者に届けようとするためのレトリックが詰まっている。そうした知的作業の集大成である文章を味わい

図表2-3　**書評ライティングのコツ**

問題意識を持つ	まず自分の深掘りしたいテーマをいくつかリストアップする。そしてそのテーマで発信している人々をチェックする
出会う	テーマと著者に基づいて、新聞広告、新聞や雑誌の書評、書店でウォッチする。人気ブログの「情報考学」は橋本大也氏の多様な知識欲の恩恵に預かれる。こうしていると気になる本が飛び込んでくる
読む	本に飲まれないで、主体的に読む。個々の情報も大事だが、著者のキーメッセージを汲み取りながら、自分の問題意識と重ねあわせて、ポイントにチェックをつけたり、思いついたことをメモしながら読む
考える	もう一回、チェックしたところを中心に読み返し、マーカーをつけて自分の考えを整理する。自分の問題意識に引き寄せて、本の主題や提言などを自分なりに再構成する
いよいよ書評を書く	著者に敬意を払いながら自分の土俵で主張を書いてみる。1000字程度にまとめるためには、自分の問題意識、著者の主張の特徴、自分の問題を考えるヒントとしてどう活かせるのか、という論法で進めてみよう。

ながら、自分の考えや主張と重なるところはあるか、あるいは自説に足りない要素は何だろうかと確認していくのがMBB流書評ライティングだ。同時に、いい意味での健全な批判を試み、自分なりの解釈を付けて持論の中にどん欲に取り込んで、自分の思いを育んでいく。

　書評ライティングは通常の読書とは異なり、いわば著者の胸を借りた〝知的道場〟なのである。読書の姿勢にも構えが必要だ。漫然と話の中に入ったり、片っ端から情報を得ようとするのではなく、著者の洞察に焦点を当て、自分の問題意識や考え方に照らしてどう解釈するのかを常に考えながら読み込む。つまり本を

図表2-4　**書評ライティングの例**

『なぜ、日本では本物のエリートが育たないのか？』　福原正大著、ダイヤモンド社

- 現代における本物のエリートとは？　毎年多くの学生が勉強しているが、真に有為な人材、そして国を成長させるエリートを日本は輩出できているのか。著者は現代のエリートの持つべき能力は「システムを変える力」だという。「壊すだけではなく、時代にあった新しいシステムを創造し、構築していく力」だ。
- しかし、東大でもどこでも学校では、「実際に使わない知識を、頭を使わない形で学習し、時間をかけたにもかかわらず何も残っていない」ような教育がまかり通っている。重箱の隅をつつくような実社会では無意味な知識をテストの前だけ丸暗記すれば済むような表面的な教育だ。さらに、それに拍車をかけるような塾通いで、「答え」を求める発想を植え付け、システムを再創造するような知的柔軟性を消し去っている。その結果、「国内では『優秀だ』と評価される人材が、海外へ行くとまったく通用しなくなってしまう現実」が起きるのだ。
- 今の時代にシステムを再創造するにはグローバル化の流れをうまく引き寄せて世界の知で共創していくことが基本だ。答えは多様、答えは創る時代だ。現代のエリートにはそれゆえ、世界の多様な価値観を持つエリートと競争しながら共創することが求められる。そのためには単なる英会話やMBAの過去の知識ではなく、自分の意見をしっかり持って、主張し、説得・交渉したり共感を得ていく能力が不可欠だ。そしてそれはより深いレベルでものごとを考え、自分の立ち位置を明確にしていくことでもあり、人生に問いを立てる哲学や、ネット時代にふさわしく大量の世界の情報を瞬時に読みこなし、判断を間違わない能力。理論的に問題にアプローチし説明するためのさまざまなフレームワークを使いこなす能力。さらには、それらを国籍・性別・能力など多様なバックグラウンドを持つ人々と議論してまとめ、リードしていく力が重要になってくる。
- すなわち、①答えは一つではないことを認識し、②理論と問題解決のフレームワークを身につけ、③ダイバーシティを活かす対話力を磨いていくことだ。教育に頼れない日本では、こうしたチャンスを一人ひとりが探さねばなるまい。

主体的に読むわけだ。漫然と読んでいるだけでは著者の論を鵜呑みにしてしまったり、わかった気になってしまうため、自分の思いにはつながらない。（いい意味の）批判精神を持つことで、内省的な読み方ができるようになる。

また書評ライティングをグループで実施するともう一つ、大きな効用を得られる。思いをグループのメンバーで出し合うことで、互いの思いや異なる発想に触れることで、自分の思いを深めることができるからだ。職場のチームで同じ本を読んで書評を書き、お互いに発表し合ってみるだけで、皆の気づき方がずいぶん違うのがわかる。口頭で議論しているときは、流してしまっていたお互いの視点や論理性がしっかりと見えてくる。一層深みのある相互理解が可能になるのだ。もちろん個人の読む力、書く力も高まる。グループでの書評ライティングは「読み込む作業」と「書く作業」「つながる作業」が進む一石三鳥の手法と言えよう。

シャドーワーク

思いを育む行為とは夢を見る行為だ。それゆえ、思いを育んでいくと、仕事の枠、職場の枠、会社の枠を飛び越えていく。ひいては共通善のために自分はどうしたいのか、という発想になる。「これが役割だと決まっているので」「うちの部署の仕事ではないので」「当社の事業はこれしかやらないので」といった枠にはめる思考とはまったく逆である。最近の若者たちのベンチャー精神や新興国へ雄飛して事業を起こす意欲などはまさにそういった思いの結晶に他ならない。大企業で持ち場立場にこだわった矮小化された発想はない。

役割分担上決まっている仕事、上司から指示された仕事、勤務時間中にすべき仕事など、いわゆる「見える仕事」はMUSTであり、それは努力して効率化し、片付けていく方向で行われる。それに対して、自発的に挑戦する課題、オフの時間での勉強や自分なりのテーマの追究など、自らの問題意識で始めるものを「シャドーワーク」と呼び、これはどんどん増えていく類の行動だ。

したがって、シャドーワークはしばしば「無境界行動」となる。仕事上の持ち場や立場で自分の範囲を決めてしまうのは境界内行動でありこぢんまりとまとまる。「それさえやっていればよい」と安住してしまう口実にもなる。一方で、無境界行動は与えられた仕事や自分の責任範囲を超えて貪欲に拡張していく活動である。シャドーワークは与えられたものとは関係なしに、自分の発意や問題意識、長期的なビジョンで取り組むものであり、必ずしも自分の持ち場や立場で完遂できるものではなくなる。勢い、無境界行動となっていくわけだ。

このようなシャドーワークを試みるとき、その当事者にはなにがしかの思いがあるはずだ。「こんな自分になりたい」「こんなことに挑戦したい」「こんな貢献ができるはずだ」など、今の仕事の範疇ややり方には縛られない思いだ。そして、シャドーワークを始め、試してみることによって、その思いは徐々に明確になってくる。シャドーワークに手を染めることで自分の思いが育まれるというわけだ。敢えて与えられたこと以外に踏み出さなければ、何も考えなくてすむということだ。

それゆえ、MBBではシャドーワークを思いを育むツールとして重要視している。自ら考え行動する中にこそ、自分の思いを強化し育む要素がある。シャドーワークで育まれた思いで仕事を見ると、視点が高くなるがゆえに、何気なくやっていた普段の業務にも意義を見出せるようになる。最近はそういったシャドーワークの重要性に気づく企業が増えてきた。スリーエムの「15%ルール」やグーグルの「20%ルール」のように、勤務時間の一部を使って自発的に研究活動をしたり、担当分野以外の仕事に充ててもよいとする企業たちだ。

シャドーワークについてもう少し説明すると、「オフのシャドーワーク」「インプットのシャドーワーク」「ブレークスルーのシャドーワーク」の三つのステージがある。

オフのシャドーワークは社会に向かって自分の世界を広げる行動だ。街を歩いて気になるショップをチェックする、社会人大学院で研鑽を積む、海外旅行で現地のマーケットを肌で感じる、社外の友人と定期的に情報交換する、ブログを書くといった行為がある。明日からでもできる活動だ。

インプットのシャドーワークは仕事のレベルを高めるために既存の枠をはみ出す行動で

ある。たとえば従来の市場調査ではうまく機能しないと思ったら、海外など別の市場の動向を調査したり、実際に現場に出て実地検分するといった新たな手法を試してみる。従来、試みていなかった方法によって、新しい可能性が生まれてくるものだ。オバマ大統領が、大口の組織献金が主流の米政界にあって、いち早くインターネットを使った小口の個人献金を集めたのも一例だ。

ブレークスルーのシャドーワークは自分が信じたように道を開拓していく行動だ。本田宗一郎は「新しい道を行くものは自分でライトを持って照らしていくしかない」と語ったが、まさに開拓者魂や不屈の精神が求められる行為である。自分の提案が上司に一蹴されても、正規のルートではない経路や方法で実現に漕ぎ着けることもできる。予算をやりくりして水面下で挑戦し続ける、他部署の協力を得る、社外の有識者に援軍になってもらう、同期に力を借りる、役員の秘書に接近するといった、清濁併せのむ政治力、交渉力をフルに発揮して、信じた道を進む行動だ。

これら三つのシャドーワークはレベル感も違えば、試すフィールドも違う。だが独立しているのではない。根っ子でつながっている。海外旅行で肌で感じたマーケットへの嗅覚が、従来のマーケティング調査への疑問となり、自分なりの新しいマーケティング手法を隠密で試してみるといった一連の行動のケースはいくらでも挙げられる。こうなると日常業務もシャドーワークもその間にある壁が溶けだし、思いを育むための活動という基軸が明確に見えてくるのである。

○——ロールモデル

思いを育むと言ってもどこから手を付けていいかわからないこともある。一つのコツが、ロールモデル（自分にとってお手本となる人物）を持つ方法だ。

「あの人は強い思いを持って仕事をしている」「あの人は夢を実現させるためにタブーを怖がっていない」。そんなお手本になる人たちに出会うと、私たちは心を揺さぶられ、感動を受ける。そして「私もこういう人になりたい」「この人のように頑張ってみよう」という思いが育まれていく。目指す人物像がイメージできると自分の成長目標が具体化される。また、何かを判断する度に「この人ならどう考えるだろうか」と思うようになる。最初はそうやってロールモデルを借りて思考しているうちに、徐々に自分のものになり、自信を持って考え、行動できるようになる。

首都大学東京の宮台真司教授は、こうなりたいと惚れこんでしまう人に出会ったときを、その人に「感染した」と表現する。著作『14歳からの社会学』（世界文化社）の中で、直感で「スゴイ」と思う人がいて、その人のそばに行くと「感染」してしまい、身ぶりや手ぶりやしゃべり方までマネしてしまうが、そうやって学んだことが一番身になると述べている。これを感染経験という。

ＭＢＢでは、それゆえ思いを育てるための良質な出会いがとても重要だと考えている。すばらしい人たちのネットワークは単なる情報源や利用価値の有無ではなく、自分の思いを発見し、育ててくれる師匠であるからだ。魅力的な人と出会い、一緒に何かをする機会に恵まれるかは、したがって本人の心持ちも重要だ。まず自分の利害を優先させないことが大事だ。相手の役に立つ心があって初めて胸襟を開いてもらえ、本音で思いやビジョンを語り合える関係が築けていける。

名画や名曲に触れて感性が養われるように、すばらしい人を目の当たりにすると人の真価を見抜く力が養われる。人に関する知恵は、魅力的な人との出会いから学ぶに尽きるのだ。同時に、感染経験が豊かな人は自然と自分自身が感染源となりやすく、人を動かす力が備わっていくようだ。感染源となるロールモデルから思いのネタをもらい、それを感染源を見ながら育むことで、自らが思いを発信する源になっていくような強い思いを持てるということだ。思いの連鎖が生じるわけだ。

この人と仕事をしたい、この人と一緒にいると刺激を受ける。周りからそう思われるようになる。人間的な魅力こそが人を動かす力の源となる。

2 個人の思いを表出化する

MBBの第二フェーズは思いの表出化だ。第一フェーズで育んだ思いはまだ自分の頭の中にある暗黙知だ。この豊かな暗黙知を育てることは重要だが、それだけでは自分にしかわからないし、言葉にしようと思っても、なかなか言葉にならなかったりする。自分は強い思いを持って、コトに臨んでいても、その本質は何か？と問われてもはたと言葉に窮してしまうことがあるのではないだろうか。これが形式知化、すなわち暗黙知を表出することの重要性だ。言葉、コンセプトにしてはじめて自分も確認でき、かつ他者と思いを共有できる。

では、MBBではどのような形で思いを表出化するのだろうか。ここでは、思いのピラミッド、マイセオリー&マイポリシー、創造的対話の三つのツールを紹介したい。

思いのピラミッド

自分の思いや夢は語られて初めて動き出す。どんなに遠大な思いであっても、自分の中に閉じ込めてしまっては巨大な妄想に過ぎない。と同時に、夢をいくら語っても、それがリアリティに欠ける絵空事や無責任な希望では共感は得られない。すなわちＭＢＢでいう「しみじみ感」はない。そこでＭＢＢでは、「思いのピラミッド」という形で五つの要素で思いを表出化する。このフレームワークにしたがって思いを表出化することによって、思いはしみじみと共感されるものになる。逆に言えば、このフレームにうまく描けるほどに具体化されていなければ思いはまだ生煮えということだ。

「思いのピラミッド」は五つの層からなる。頂点から順に「思い」「背景」「ストーリー」「壁」「突破するポリシー」の五つだ。

まず頂点の「思い」の層では、「何をやりたいのか」「何を達成したいのか」といった自分の夢や志、ありたい姿、ビジョンすなわち「ＷＨＡＴ」を描く。「世界を変えたい」「会社での目標達成を通じて世界に一流だと認められたい」というような、自分にとっての意味性をどうこめられるかが重要な点だ。ＭＢＢセッションで書いてもらう場合でも、往々にして会社の今のＭＢＯ目標がそのまま出てきたりするが、それでは不足だ。むしろその数値や課題を達成して、世界にどういう貢献をしたいのか、ＭＢＢである以上、「目線を高く、志を高く」がポイントだ。

第２層は「背景」だ。背景で描くのは、ＷＨＡＴに辿り着いた理由だ。「どうしてそう思うのか」「なぜそこまで強く思うのか」。背景で描く内容は、「上司から言われたから」「会社の目標だから」ではすまされない。自分自身の思いがなぜ起きたかだ。どういう問題意

図表2-5　**思いのピラミッド**

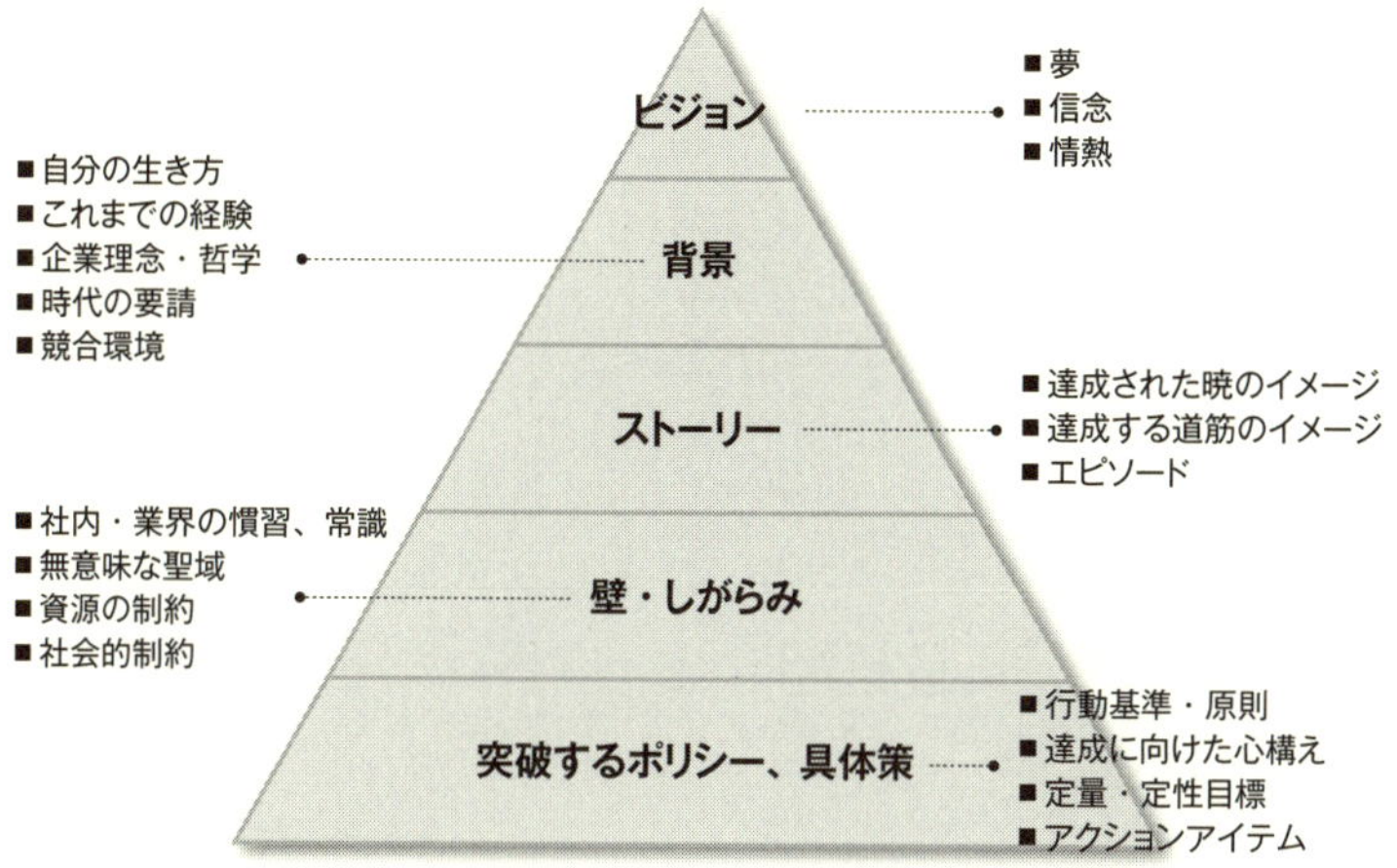

識なのか、何に義憤を感じているのか、どういう原体験があるのか、どういう光景を見てしまったのか……。自分の生い立ちやキャリアと関係していることも多いだろう。自分の内面からくる思いの源泉を描くことで、強い立ち位置が確認され、しみじみ感がにじみ出てくる。

第3層の「ストーリー」がしみじみ感の演出のしどころになる。「MBBの思いを達成することで、どのような世界が待っているのか」「その過程はどんなにすばらしいプロセスなのか」をストーリーにしてみるのだ。聞き手がワクワクするような物語を創作する。他社の事例のアナロジー、映画や小説の引用、たとえ話、自分の経験談からの敷衍、過去の偉人の名言など、いろいろなネタを使うことによって自分のイメージしている世界観を表出することができる。ＭＢＢの右脳の真骨頂だ。

たとえば、筆者らがＭＢＢを推進していきたい思いのストーリーを語るとすれば、「日産のゴーンさんは大きな目標を達成するための秘訣として、『船を建造するときには細部の作業をあれこれ指示するのではなく、大海原を目指すというビジョンをまず共有しなくてはいけない』と言いました。ＭＢＢを日々の仕事の中で実践していけば、リーダーは大きな、皆を勇気づけるビジョンを語れるようになり、組織の皆は、それに呼応するように自分たちもビジョンを描きだし、ワクワクと難題に挑戦するような仕事ができるようになるはずです。そんな企業や組織をＭＢＢを通じて数多く作りたいのです」といった具合になる。自分の思いを語るストーリーを作ろう。

第４の「壁」の層では、夢や志の達成に立ちはだかる最大の障害についてきちんとした現実的な認識を語る。夢を描いたはいいもののなかなか実行に移すのは難しいものだ。大きなビジョンであればなおさらだ。そこには資源（ヒト、モノ、カネなど）やスキルの制約、過去のしがらみ、時間の制限、環境の激変、抵抗勢力などさまざまな障害がつきものだ。ここを無視しては、決してしみじみ感は出ない。

なぜなら、現場へ行けばいくほど、やりたくてもできない制約があるからで、そこをわかっていない夢のような話は戯言になり、本人の信頼感の喪失にさえなりかねない。「そんなことできればいいけど、一体現場のこの実態はどうするつもりなの？」という声はすぐに出てくる。

また、新しいことに挑戦しようとすると「これまでのルールではそれはできない」「今までの慣行と違う」「常識はずれである」といった否定論や反対論も必ず出てくる。したがって、思いを述べる一方で、リアリズムにも徹し、本質的課題をズバリ指摘し、難所を認識する。それは会社全体の問題かもしれない。しかし、自分はそうしたしがらみにリスクをとってでも真っ向から立ち向かうのだという意志と覚悟を語らねば、本気とはみなされず、しみじみ感は出ない。ここはしたがってＭＢＢの非常に左脳的部分、リアリズムの部分になる。

第５層の「突破するポリシー」では、第４層の「壁」をどう乗り越えるのか、具体的な方針や方策を描きだす。「で、どうするか」だ。いくら思いを共有化したところで、達成するための戦略・戦術を示さなければ、人の心に点火したことにはならない。ここでは論理分析的に壁への対処法を描きだすとともに、従来の常識に囚われない革新的でリスクテイクした方策を示す必要がある。それゆえ、ここでは左脳的問題解決力と右脳的な創造的で斬新な発想力が試される。この具体的方策がついてこないとしみじみしないのは言うまでもない。

思いのピラミッドを、スターバックスを世界的なコーヒーチェーンに育て上げたハワード・シュルツCEOのケースに当てはめてみよう。

拡大主義が過ぎて米国スターバックスの価値が失われつつあるのに耐えられず、シュルツ氏は2008年にCEOに復帰する。その経緯は『スターバックス再生物語』(徳間書店)に詳しいが、「スターバックスを以前のように輝かしい企業にするために」自分が復帰することを宣言する。これがWHATだ。そしてその背景としてはスターバックスらしさが失われている現状に我慢ができないと創業者の思いを吐露し、次第に変わりつつあるスターバックスに対して不安を抱いている社員の心を鷲づかみにする。

ストーリーの部分はこうだ。「スターバックス体験を守り、維持・強化し、わたしたちとお客様との関係はただの商取引ではないこと、わたしたちがファストフード店ではないことを本気で示し、わたしたちのコーヒーに語らせましょう。そして勝ちましょう」

壁となっていたのは、拡大路線を取ったがために、コーヒーの香りを台無しにしてしまうサンドイッチなどを拡販することが収益的成長の原動力になってしまっていたことだ。成長を犠牲にするのか、サンドイッチを止めてコーヒーの香りを取り戻すのか。どちらがスターバックスらしいのか。どちらが投資家受けするのか……。まさにしがらみだ
シュルツ氏は投資家の短期的評価の低下というリスクをとってまで、一杯のコーヒーを大切にする原点に返ることを選ぶ。そのためサンドイッチの販売から撤退することを決意する一方で、コーヒー豆やコーヒーマシーンを見直し、全米の全店を一斉に閉店して美味

しいエスプレッソを入れるための研修を実施するなど、本気度を示す常識破りの徹底的なシグナルを送りながら具体的で多様な方策を打ち出していった。

米国スターバックスはこうして再びスターバックスらしさを取り戻し、企業価値は以前にも増して上昇していった。こうしてシュルツ氏のCEO復帰の経緯をたどると、その言動には思いのピラミッドの各層が綿密に織り込まれ構成されていることがわかる。思いのピラミッドの形で思いを表出化することで、思いは現実に近づく。それゆえしみじみするのである。思いのピラミッドには思いを現実化していくプロセスが備わっている。

私たちはふだん仕事をしていく上で思いのピラミッドを活用し、思いを表出する癖をつけることが重要になる。大きなビジョンや夢を実現するには、思いを何度も何度も語る必要があろう。自分の思考・行動の中に思いのピラミッドをビルトインしておけば、夢を実現するためのエンジンの役割を果たしてくれる。

マイセオリー&マイポリシー

自分の思いをより強く発信するには、「マイセオリー」と「マイポリシー」を確立しておくとよい。

マイセオリーとは、ものを考えるときに役立つ自分なりの理論やフレームワークである。世の中にはたくさんの理論やフレームワークあるいはコンセプトが存在する。マーケティングの４Ｐ（product・price・place・promotion）やファイブフォースなどのフレームワーク、ブルーオーシャン戦略、キャズム理論、破壊的イノベーション、オープンイノベーションなどの理論、さらにはウィキノミクス、リバースイノベーション、メイカーズなどの時代の潮流を表すコンセプトなどだ。

これらを単に借りるだけでは自分のものにしたことにはならないが、それらを自分流に活用し、自らの領域で検証し、血肉化していくことで、マイセオリーとして自分の発想や思考のベースとなり、自信を持って主張できるようになる。ＭＢＢで思いを発信するときのコアになる。マイセオリーという軸を持つことで、自分の思いをそのセオリーに乗せて表現しやすくなるわけだ。また一貫性も保たれる。

筆者らの場合は、「知識創造理論」がマイセオリーである。徳岡の場合は、20年以上前になるが、野中郁次郎教授に出会って以来、日産自動車時代は人事教育や教育研修を考えるときの理論的根拠とし、最近はコミュニケーション理論とも結びつけてＭＢＢに結実した。知識創造理論はずっと私の仕事のバックボーンとなっている。

知的な作業には骨太の論理が欠かせないものだ。マイセオリーを持っていると、ものの見方や考え方に筋が通ってきて、それが分析力や仮設構築力につながっていく。マイセオリーを持って、自分の思いを表明すれば論理に自信があるので発言は力強いものとなる。聞くほうも、独りよがりではない理論やフレームワークに基づいているので受け止めやすい。

一方のマイポリシーは「ウソをつかない」「約束は守る」といった基本的な行動基準や、その人なりの仕事術の極意だ。

ファーストリテイリングの柳井正会長兼社長なら「一勝九敗」、日本電産の永守重信社長なら「すぐやる、必ずやる、出来るまでやる」、伊那食品工業の塚越寛会長なら「年輪経営」、未来工業の山田昭男相談役なら「(自分の頭で考えるために)報連相をするな」などがマイポリシーに当たるだろう。皆マイポリシーを持って、独創性のある経営者として力強く会社を牽引してきた。それは彼らの仕事観、経営観としての思いの結晶だ。思いをマイポリシーとして表出化しているわけだ。

誰しも何かしら、これまでの偉人の名言に共感し、それを自分の座右の銘やモットーとして持っているだろう。しかし、いつまでも借り物では自分の思いは明確にならずに、力を発揮しない。大事なのはそれが自分の血肉となって、しっかりと自分の思いとして言語化できているかだ。近ごろは会社の組織が、正社員中心、男性中心、日本人中心とは言えなくなった。今後はますます多様な属性、価値観を持つ人たちの集まりになる。阿吽の呼吸で話が通じることのほうが珍しくなろう。周りの人に信頼感を与え、共感を呼ぶためにも、マイポリシー(自分の仕事観、経営観、人生観、家庭観……)をきちんと言葉にして発信し、その下地となった経験を語っていくことが信頼を勝ち得るためには重要だ。

もちろん最初から確固たるマイポリシーを持つことは難しいだろう。まずは仮説から出発し、成果の有無で検証し、周囲の人の受け止め方も見ながら持論を磨いていけばいい。

○——創造的対話

思いを表出化させる場合、一方的に熱い思いをストレートに語ればいいというものではない。思いは周囲の人の意見や思いをも巻き込んで、正当化されていかなくては、独りよがりなもので終わってしまうリスクがある。またその過程で思いの周りにオーラのようにまとわりつくわかりやすさや自信、覚悟が他の人たちの共感を呼び、理解を助けるのである。創造的対話とは、思いをお互いにぶつけあい、互いに学び合い、より大きく育て正当化していくための対話の場である。自分の思いをお互いに表出化しあって、確認し合いながらより良いものにしていく議論だ。

「おれたち何のためにこの事業をやっているんだ?」「私たちの究極のビジョンて何かしら?」「毎年二桁の成長が求められるけど、どこまで追い求めたらいいのだろうか? 何が目的であるべきなんだろうか?」「この商品はどういう志で展開していけばいいのか?」などやや神学論争めいたり青臭く聞こえるかもしれないが、私たちは本質的な議論をおざなりにするのが得意だ。ソクラテスは言った。

「我々にとって、最も瑣末なことは、我々がもっとも頻繁に考え語っているものであり、最も重要なことは、最も考え語られることの少ないものである」
このような形で自分の思いを確認し合う議論を創造的対話というが、その中核が弁証法である。各人が自分の思いをぶつけ合う。当然、信念や原体験が違うので、最初から合致するわけではない。弁証法というと技法的には相手を否定した上で、もっと高次元の思想、理念を目指す方法であるが、MBB的な弁証法は相手の論を一概に否定するのではない。お互いの主張を融合発展させて、新しい価値を生み出していくスタンスを取る。ソフトな弁証法と呼んでもよい。もちろん弱いと指摘された部分、論理的におかしいと指摘された部分は、自分の思いに跳ね返し、補強し、正当化するための材料にしていく姿勢は大切だ。ホンダで有名なワイガヤもソフトな弁証法と言ってもいい。

創造的対話を行いながら、自分の思いを表出化しあう際にメタファーを含むレトリックが重要な要素になる。MBBでいうレトリックとは比喩や引用、キーワードなど多様な言語術を使って表現力、言葉の力を増すことで、自分の思いをよりわかりやすく表現し、また同時に自分の思いをさらに膨らませていく手段だ。対話に豊かな表現力を与えてくれる。歴史上の偉人たちの名言、映画や小説の名台詞、経営者の名スピーチなど、拝借できる言葉はたくさんある。

対話の中でそれをキーワードや決め台詞、キャッチコピーとして使って、自分で納得したり、相手に刺激を与えたりすることができる。議論を活発化させる一助とするのだ。中でもメタファーは人の想像力を刺激し、イマジネーションの力を引き出してくれる。ちょうどワインを表現する多様な形容詞が飲み手のイメージを膨らませて美味しく感じさせてくれるようなものだ。メタファーを多用すれば、理屈ではなく、想像の世界でお互いがイメージを膨らませて、触発し合うことができる。

創造的対話で思いを表出化していくと、スティーブ・ジョブズが達人とされる現実歪曲空間（ＲＤＦ＝Reality Distortion Field）が生成されてくる。ＲＤＦとはメタファーやレトリックを用いて、大きなビジョンや夢をワクワクするような形で表現するパフォーマンスであり、いわば創造的対話の集大成と言えよう。

スティーブ・ジョブズと一緒に仕事をした人たちは、ジョブズと話していると、不可能だと思っていたことがそう思えなくなる、本当に実現できそうな気がしてくると振り返っている。ジョブズの熱い口調、メタファーやレトリックに溢れた語りがそうさせるのだ。心を打たれ、自分の発想を一段も二段も高く飛ばし、現実の制約や無力感から解放され、内なるエネルギーを呼び起こさせる。その過程を通じて相互主観性が成立し、ジョブズの思いが聞き手の思いにもなってしまう。しかもとんでもない思いが共有されてしまう。

創造的対話のためのスキルは訓練で磨ける。既述したように映画や芝居、オペラなどの名作には必ず気の利いたセリフがあるものだ。メタファーやレトリックの力をコピーライターに磨いてもらうのもいい。そうやってＲＤＦ的な創造的対話が可能になってくると、

図表2-6　**名言の例**

イングリッド・バーグマン

「あなたは、あなたの直感を鍛えなければいけません。あなたはあなたの内なる小さな声を信じなければいけません。その声は、まさにあなたが話すべきこと、決断すべきことを教えてくれるのです」

ヘレン・ケラー

「世界でもっとも哀れな人とは、視覚はあるのに、ビジョンが無い人です」

カルロス・ゴーン

「ビジョンは退屈なものではいけない。船を建造するときには、人々に個々の作業を割り当てるのではなく、大海原を目指すという目標をみんなで共有するのです」

ウィンストン・チャーチル

「成功とは何度失敗しても情熱を失わずにやり続けることだ」

「人は得るもので生計を立て、与えるもので人生を築く」

澤　穂希

「夢は見るものではなく、叶えるもの」

小林一茶

「金がないからなにもできないという人間は、金があっても何もできない人間である」

セルバンテス

「富を失うものは多くを失う。友を失う者はもっと多くを失う。しかし、勇気を失う者は全てを失う」

自分の思いを表出化しながら、同じことを言っても相手の受け止め方やインパクトがまったく違うレベルになるため、周囲の人から多くのフィードバックを得られるだろう。より豊かな対話が可能になる。

3 個人の思いを正当化する・実践する

これまで、思いを育み、表出化するしかけをみてきたが、MBBではそうやってできてきた思いをさらに磨き、実践に結び付けていかなくてはいけない。現実の場面ではMBOで会社や上司から与えられる課題があり、それを無視することはできないだろう。しかし、それを唯々諾々と受け、ヒラメ的に実行するのは自分の時間の無駄使いだ。与えられた課題であっても、それに対して、自分なりにはこう考えた、あるいは自分としてはもっとこうしたい、こうやるんだ、という自分なりのテーマ設定やテーマ解釈を行い、自分らしく実践し、自分としてのベストの結果を出していくことができる。そうやって自分らしい実践、自分なりに納得のいく実践に結び付けていくことが大切だ。

それは、思いのない流し仕事の成果を超え、会社の期待を超えて、上司が思う以上の成果に結び付いていくはずだ。そのとき、こうした自分らしさの発揮が、より質の高い結果に結び付く思いであるかどうかが重要になる。この思いのレベルの高度化をＭＢＢでは「思いの正当化」という。中途半端な思いでもダメ。独りよがりでもダメだし、邪悪な思いでもダメなのだ。

思いを正当化の篩《ふるい》にかけるためには知の交差点を多数、自分の中に持って、チェックし、最新の知的水準で確認し続ける必要がある。また、正当化された思いを実践するためには、自らがイノベーターとして思いをかついで突っ走る覚悟が必要だ。そしてそのような力を身につけていく自分なりの知的キャリア形成に努力していくことで、志は高くなり、実践力は磨かれていく。

知の交差点

強い思いや信念がなければ良い仕事はできない。それは確かだが、独りよがりになってはいけない。教養や専門知識、あるいは他者・他社から得られる知を取り込んで、自分の思いを鍛えていく必要がある。自分の思いの上を行き交う知のバラエティが豊かであるほど、思いは正当化されていく。

たとえば歴史、哲学、宗教、自然科学、地理、芸術などの一般教養（リベラルアーツ）を自分の興味の赴くままにいくつかの分野で親しんでみる。学問的な知は、現れては消える事象の本質を見抜き、私たちが初めて出会う場面でどう判断し、どう対応すればいいかを教えてくれる。研究者や作家、芸術家といった違うジャンルの専門性に触れることで、自分の幅が広くなり、仕事にも深みが加わるだろう。本だけでなく、講演や展覧会、旅行での実地見分など、体感的に知に触れるとより定着しやすくなる。

知はリベラルアーツだけではない。自社のコアコンピタンスを支える知や自分の仕事の専門知識も、もちろん重要だ。自動車会社に勤務している人なら、自動車の構造や歴史、世界のメーカーの特徴や技術力、機械工学、交通システム、環境問題など、自動車にまつわる知を収集しやすいはずだ。自社内だけでなく、業界を取り巻く環境まで視野を広げるとより知の交差点が豊かになっていく。また経営学、法律、会計、マーケティング、戦略、生産技術、工学など、実務に関する知識は常にアップデートし、自分ならではの専門性を磨く努力を惜しんではならない。

自分の業界や仕事の知識ばかりでは知の交差点に広がりが出ないだろう。趣味や他社交流も大切になってくる。趣味のように好きなものを深掘りするのは誰でも苦にならないものだ。純粋に趣味の知であっても本質のところで仕事に関係していたり、仕事のプロセスを改善するために使える場合がある。他社との交流では、自社で当たり前だと思っていた

図表2-7　**知の交差点ワークシート**

ジャンル	問題意識、関心事項、フォローしている人、ウェブサイト、重要な知見を提供してくれるお気に入りの本、その他の情報ソース
教養（歴史、哲学、宗教、芸術、文学、科学など）	
人物（ロールモデル、反面教師、話題の人など）	
自社の産業に関すること	
自分の専門分野に関すること	
自分の趣味に関すること	
自分の地域、国に関すること	

ことが案外そうではないと気づくケースが多い。他社の友人との情報交換も、互いに気づきを得られる絶好のチャンスとなるだろう。また、一般に公開されている他社の工場見学やショールームの見学も現場を直接知る貴重な機会となる。

こうやって知の交差点に立ち、思いを正当化するためにリベラルアーツや最新の知識を貪欲に取り込んでいくことで思いをより正当化し、志の基準を高め続けていくことが大切だ。

○──イノベーターシップ

大きなビジョンを達成するには現状のぶ厚い壁を打ち破らねばならない。イノベーションとは社会のありようを変えるようなインパクトのある新技術や新商品、サービスなどの創造を指す。MBBで大きなビジョンを持って成し遂げようとするのは正にそのようなイノベーションだろう。

正当化される志の基準の一つは、その思いでイノベーションを起こせるかどうかだ。フェラーリやマセラティのデザインを手がけた世界的工業デザイナーの奥山清行氏のいう「チューインガム製品」(噛んですぐ捨てられる)のレベルではない。社会を変えるような志を持って自分の思いを創造し、実践し価値に転換していく活動が続かなくてはならない。そのコアを成すのが「イノベーターシップ」だ。

これは一般にいう組織の中の個別局面でのリーダーシップやリーダーとしての力量とは違う。イノベーターシップとは、思いを価値に転換するビジネスモデルを創出するプロセスを導く包括的リーダーシップのことだ。共通善に根差したソートリーダーシップを発揮しながら、新しい未来を創造する価値命題の実現へ向けて、実践知プロセスを執拗に回し、ついにはビジネスモデルを構築し、社会を変えていく活動を引っ張る中長期的な「生きざま」そのものである。

事業創造や企業変革に体を張るトップ、未来を創るベンチャー経営者、部門横断型プロジェクト(CFT)のリーダー、マトリックス組織のコンフリクトの渦中で踏ん張るリーダー、理想と現実の矛盾の中で悩むソーシャルビジネスのリーダー、彼らが発揮するような修羅場を楽しむほどの突破力を備えたビジネス創出力でもある。真に価値ある仕事は組織の隙間に落ちている。そのような隙間を埋めて大きな枠組みを創っていくようなリーダーシップがイノベーターシップなのだ。大きな思いを成し遂げるとは、すなわちそのような誰も手を出さないところに手を突っ込んで自らボールを持って走っていくことだからだ。

イノベーターシップの重要な条件は共通善を追求する高い志とビジネス嗅覚の双方を持ち合わせていることだ。志を達成する力は清い一方で、ビジネスとして回していく力はドロドロしている。両者は一見矛盾するように思えるかもしれない。だが、ソーシャルビジネスがそうであるように、思いや夢を実現していくためにはビジネスとしても確実に利益を得ていかないと途中で頓挫してしまう。

社会を変える、世界に貢献するといった志の高い目標は清らかさだけで簡単に実現できるものではない。予定調和の世界と違い、どんなハプニングが起きるかわからない長く険しい道だ。しかも常に人材や資金は不足気味。資源が限られた中で高い志を遂げるには一級のビジネスセンスが要求されるのだ。自分自身で全体像（big picture）と同時に細部まで把握し、関係者の心理をよく読み、志の高いメッセージと厳しい規律でモチベーションと結束を高め思いの実現に向けて航海していかねばならない。ＭＢＢで思いを実践していくのは、このように極めてタフな事業なのだ。

こうしたイノベーターシップの発揮の例として、タイのクン・チャイ氏を挙げることができる。タイ北部の麻薬地帯の正常化と地域の少数民族の自立化というビジョンを掲げた30年計画のドイトンというプロジェクトがある。タイ王室の後押しのあるソーシャルビジネスだ。このリーダーがクン・チャイ氏だ。

タイ北部のミャンマーと国境を接するドイトン地方はわずか20年前までは麻薬の原料であるケシの栽培と大麻取引が横行し、武装民兵とともにドラッグディーラーが暗躍する「黄金の三角地帯」と呼ばれる危険極まりない地域だった。

住民は貧しく教育も医療も施されずに見捨てられ、仕方なくケシの栽培で細々と生計を立てていた。その悲惨な生活を改善し麻薬取引を駆逐するために、タイ王室が1987年に地域一帯の再建に乗り出した。ケシ栽培の悪循環から住民を脱出させるために、付加価値の高いコーヒーとマカデミアナッツの栽培をはじめとする植林活動によって環境を整備し、観光地として再スタートするとともに、アパレルや陶器製造などの産業を次々と興していった。

それらは当初は王室、外国企業の寄付や海外援助をベースにしていたが、基本は住民による住民のための再建に置かれ、彼らが自ら教育を受け仕事を行い自立することで貧困から脱出する自主的再建路線が築かれた。

今では、ドイトンブランドのコーヒーとマカデミアナッツはタイの名産品になり、ドイトンは一大観光地に変貌。ドイトン基金は年1300万ドルの黒字基金に変貌し、住民は

ドイトンの現場

プロジェクト開始前、
1980年代の麻薬栽培
で荒れ果てた森林

麻薬地帯が有数の観光地に変貌し、
おしゃれなショップを自ら運営

豊かな暮らしと教育、医療を手に入れた。わずか20年での大変革であった。この背後でプロジェクトを進めたドイトン基金は今ではこの成功のビジネスモデルを応用し、ミャンマー、アフガニスタン、インドネシアの貧困撲滅に協力するグローバル基金となっている。小規模の寄付金を資産に実践知をベースに何倍にもレバレッジするまったく新しいビジネスモデルを創造し、社会の問題解決に貢献した好例と言えよう。

クン・チャイ氏はドイトンの住民の自立のための30年プランの設計、ケシに替わる作物の選定・作付け規模と販売のビジネスモデルのデザインとビジネスプラン、選定した作物の栽培方法の研究開発と住民の教育、住民がケシ栽培から完全に足を洗うようにするためのインセンティブの設計、住民自立のための生活習慣の改善・起業家や地域リーダーの養成、親の意識改革と子供たち次世代の教育などあらゆる打ち手を自ら創造し、実践していったのである。

また、これらの活動の原資は、クン・チャイ氏が寄付に頼らずにJＩＣＡなどから資金支援を受け、利益計画も立て、２０１２年には借入を全額返済。黒字事業に育てている。

このように自分の思いを達成するためには、組織に頼らず、体を張ってやり抜く実践知プロセスが重要であり、それを支え続ける、「組織になんか頼らなくても自分でなんとかする」という覚悟が必要だ。こうした生きざまこそイノベーターシップであり、それが大きな思いの達成には求められるのである。

思いの質や実践力は人の成長段階に応じて変わっていく。思いを正当化し、実践していく際に人生を通じてより大きな夢に挑戦していくためには、各自が自分のキャリアの中でどういうことを学び実行していくべきかという視点を持って自己管理していくことが重要だ。日々やりたいことにめがけて突っ走るだけではなく、長い時間軸の中で自分の役割を考えていくマクロな視点だ。それがMBBでの自分の志を高めていくだけではなく、一人ひとりの思いの相互作用を通じて、組織全体、社会全体の思いのレベルを上げていくことにつながっていく。「MBBは民主主義の原点である」とジュネーブのWHOで要職を務められ2012年まで自治医科大学教授だった尾身茂氏は、欧州での経験を基にして語る。欧米では一人ひとりの思いをきちんと表明するのは義務であって、それが民主主義の根底なわけだ。

SECIキャリア

思いを大きく育てていくためのキャリアモデルとして、一橋大学の野中郁次郎名誉教授の提唱されたSECIモデルを当てはめることができる。それを「SECIキャリア」と名付けた。

SECIキャリアは人生をSECIモデルに見立てて、各世代がどのように思いを育み、実践すればいいかを示唆するモデルだ。

もちろん人や、時と場によって成長スピードは違うだろう。ここでは筆者らのたどってきた経験を基に大まかに20代、30代、40代、50代以降という年代別に大切なポイントを考えてみたい。もちろん今の時代はもっと早く成長し大きなことを成し遂げている人たちがどんどんと出てきているし、さらにそうなってほしいと思う。グローバル競争の時代にはなおさらだ。

一方で日本型の知の熟成も日本らしい価値観でモノづくりを行っていく場合には重要であるし、そもそもじっくり時間をかけることで歴史の風雪に耐える価値を創造する意味もあると思うので、一応の目安として10年単位での節目とした。

ＳＥＣＩモデルは暗黙知と形式知の相互作用によって知の創造がなされるというモデルであり世界的な支持を博している。それは、他者の暗黙知から自分の暗黙知を体感して学ぶ「共同化」(Socialization)から始まる。そこで得た暗黙知を自分なりのコンセプトに置き直して形式知化する「表出化」(Externalization)を経て、その形式知を他の形式知と組み合わせてモノやサービスなどの形にして価値化する「連結化」(Combination)を行う。最後はその価値の実践を通じて気づきや反省を行いより深い暗黙知を得る「内面化」(Internalization)に向かう。その暗黙知をベースに他者との交流を経てまた深い暗黙知の交換が起こり、次のフェーズの「共同化」へとスパイラルアップしていく。これがＳＥＣＩモデルの概要だ。

図表2-8　SECIモデル

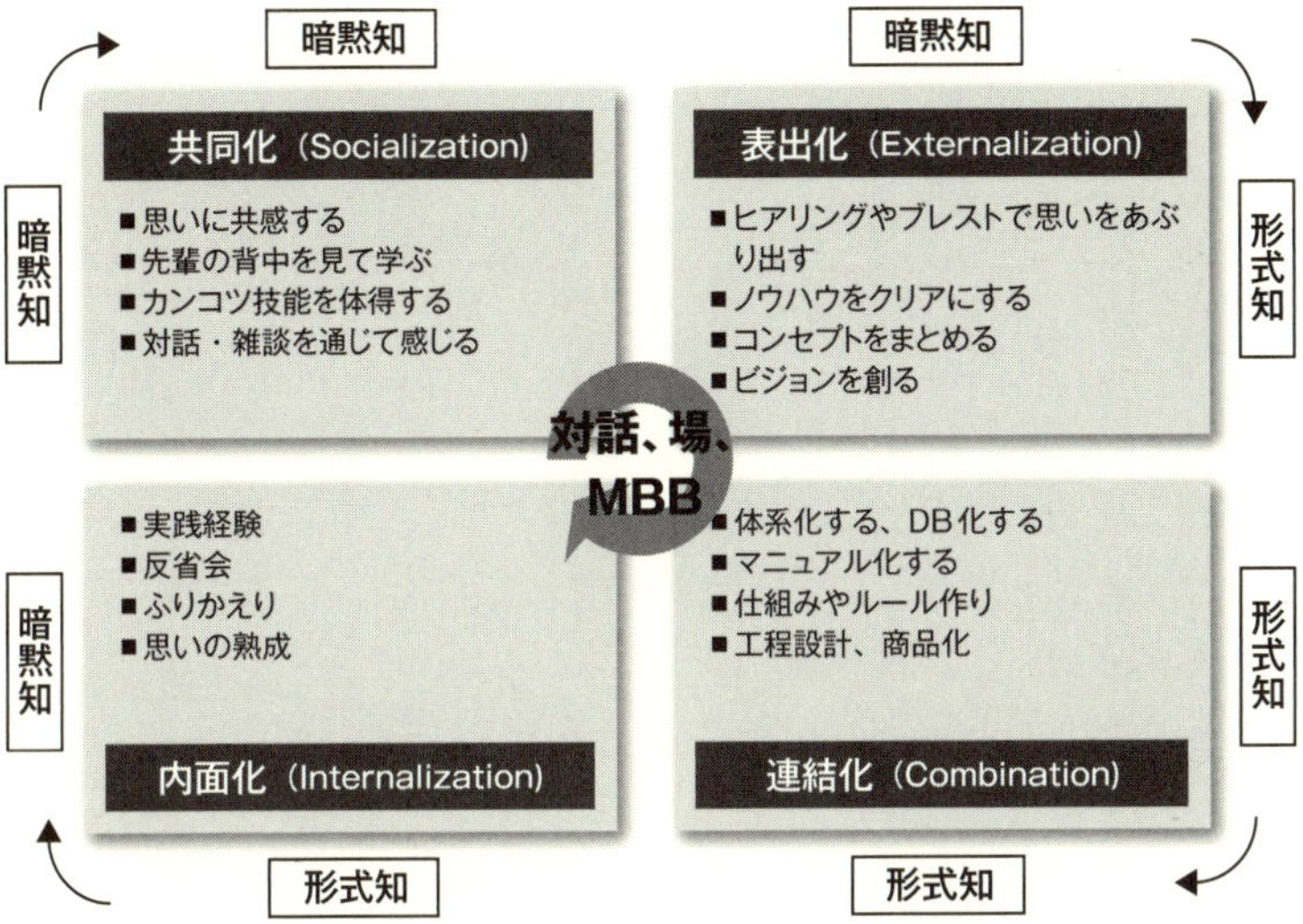

これをキャリアに当てはめてみるとこうなる。

SECIキャリアでいう20代は「果敢な共同化による暗黙知の積極的な吸収と、知的基礎体力の獲得」の時代である。「時分の花」が満開のときで、みずみずしく新しい発想で周りを刺激するとともに、仕事のやり方や知識、周囲の暗黙知を存分に吸収できる。自ら学びフレッシュなアイデアを補強し、周りに気を使うことなく発信すれば、それだけ周りからもフィードバックが得られる。

20代に重点を置くべきは、新しい発想の研磨である。体力的にも恵まれた若く元気なうちに、より多くの世界に接し、暗黙知を吸収できる。

とくにシャドーワークは身体で覚えるものなので、20代で身につけておくことが欠かせない。社内での立場や責任はまだそれほど重くないので、そのぶん、他社の人との交流や時間外の活動がしやすいはず。先輩の懐に飛び込んだり、社内外を縦横に飛び回ってシャドーワークの基礎体力をつけてしまいたい。

30代は「20代に蓄えた暗黙知の自分なりのコンセプト化と、社内各部署の知の連結化による価値化の実践」の時代だ。仕事の基礎は十分に身につき、社内を知り、同期もそれなりのポジションについている。組織力を使って大きなアウトプットに関与できる場面が増えてくる。20代で蓄えた暗黙知をしっかりと自分のモノにするのだ。ただ走りまわるだけではなく、その形式知を自分なりに味付けし、自分のコンセプトを磨き、実践しながらマイポリシーやマイセオリーに形式知化していくことがこの時期にできるどうかだ。

さらに気力・体力とも旺盛な30代は、他部署の知見も活用（連結化）して、知をより大きな価値に変える。すなわち自分なりのアレンジをして、会社を成長させる実感を味わうことができる楽しい時代だ。

同時に30代には人生の岐路が訪れる。責任のあるプロジェクトを任され、水を得た魚のように生き生きと仕事をし、それを通して成長する人がいる一方で、自分の〝城〟に安住し始める人や権威主義にとらわれる人、保身に走る人も出てくる。その後の長い人生を考えれば、ここでもう一段、目標をストレッチし、マイポリシーに基づいた大きな思いを持ち、40代へ向けての夢を描いておきたい。

40代は「社内外の知を縦横に統合・体系化し発信する連結化と、自己のイノベーションへの挑戦」の時代だ。役職的には課長や部長といったポジションが多いだろう。場合によっては役員、外資系では社長に就く人も出てくる。会社や組織を大きく発展させることを期待される年代だ。自分の成功の裏付けになる知をしっかりと内面化して、さらには体系化していくことで盤石な知的基盤と自信をつければ面構えも変わってくる。

しかし、この世代には気をつけなければならない落とし穴が待っている。ある種の成功パターンで発展してきた組織は、成功したがゆえに失敗するものだ。クレイトン・クリステンセンが指摘したように「成功のジレンマ」に足元をすくわれるのだ。40代は人生で最も脂の乗った世代だが、現状に埋もれ、慣れ親しんだ領域をうまく転がすことにとどまっていると、それが伸びていく芽を摘んでしまい、成功のジレンマに陥ってしまう。経営共創基盤の冨山和彦社長のいうミドルリーダーになる気構えがここでできるかどうかで、トップリーダーになれるかどうかが決まる時代なのだ。

それを乗り越えていくためのポイントは、新しい知の創造であり自己変革だ。もはや社内にはロールモデルはいないくらいに成長しているはずだ。社外の知と大いにつながり、活用していくダイナミックさが求められる。自分の考えやアイデアをオープンにし、社外にも表明することで、社外の知のネットワークに接続し、その協力を得て新しい知の創造

図表2-9　**SECIキャリア**

年代	特徴
20代：Socialization⇒ 果敢な共同化による暗黙知の積極的な吸収と、知的基礎体力の獲得	時分の花の時代を存分に活かし、仕事を覚えるだけではなく、発想、行動範囲を広げる。シャドーワークの癖を身につける。
30代：Externalization⇒ 20代に蓄えた暗黙知の自分なりのコンセプト化と、社内各部署の知の連結化による価値化の実践	自分なりの価値観やポリシー、行動スタイルを磨き、自分らしい成果を出す。狭い専門に安住せず、クロスファンクショナルな仕事で全社の知を身につけて大きな土台を作る。
40代：Combination⇒ 社内外の知を縦横に統合・体系化し発信する連結化と、自己のイノベーションへの挑戦	ミドルリーダーの意識で、新たな価値を創造する。単なる管理職で終わらないよう、市場や他社と向き合いビジネスを創造する。
50代以降：Internalization⇒ 知の内面化による集大成・伝承と、産業構造の転換の仕掛け人としての飛翔	利益追求だけではなく、人類や地球の視点で、将来の方向を示し、産業創造を志す。

を成し遂げることを心がけたい。すでに上司の許可がなくても、自らが求めればシャドーワークでも何でもやっていける立場にあるはずだ。

このように自分も変え、世界をも変えていきたいという強い思いを持ち実践するかどうかが40代の試金石だ。日産のゴーンCEOはそうした思いを「burning desire to transform reality」と表現している。熱い40代になれるかだ。

50代以降は「知の内面化による集大成・伝承と、産業構造の転換の仕掛け人としての飛翔」の時代である。トップや経営陣として単なる利益成長ではなく、共通善を前提としたビジョンの創造、そこに連なる目標設定と健全なマネジメントで、組織や社員を良い目的のために動かす柱にならねばならない世代だ。この世代が強欲を求めては組織も社会も瓦解する。

多様なステークホルダーへの責任を果たし、持続可能な経営を実現していくために舵取りが非常に難しい時代だからこそ、共通善への思いを強く持ち、大きな責任を負うべき世代である。旧来の知見を覆し、社会に革新を起こしていく気概と胆力が期待されている。特に日本がグローバル化し、少子化の現実が迫る中で、古い業界地図や既得権分布、ルールを塗り替えて、産業構造やビジネスモデルを革新していく産業横断的なイノベーションを仕掛けていく行動力を発揮することが期待される世代でもある。そこまでの知的能力の高さを築き、世界の中で日本の存在を考えるようなスケールの大きな視座や志を持ってほしい年代なのである。

このようにキャリアをＳＥＣＩモデルに見立て、組織と社会に貢献する自分のビジョンを描き、自分の思いを正当化し実践していくパターンを体に埋め込んでいくことで、ＭＢＢの安定基盤を構築していってほしい。

4 個人の思いを皆で共有する

個人にとってのMBBのフェーズの四つ目が、思いの共有だ。これは各自が自分なりに育み、コンセプトにし、さらに高い正当化基準と実践で磨いてきた思いを、より多くの人々と共有し、大きな思いのうねりを創りだすことを意図するものだ。そのポイントは、ストーリーテリング、チームコーチング、SDSだ。

ストーリーテリング

自分の思いを実現するには周りの人の協力がなければ難しい。特に今日では課題が高度化、複雑化しているので、自分ひとりで解決していくことは困難だ。共通善を目指し、社会を変えていこうとなると、なおさらだ。思いの共有化なくして、コトを起こすための人々のベクトルの一致も、抵抗勢力の説得もありえず、共通善も実現しない。

思いそのものは正しくても、周りの人の同意を得ようとすると理詰めだけでは難しいのが世の常だ。「地球環境を守る」とか「世界から戦争をなくそう」といくら思いを語っても、総論賛成各論反対となってしまう。そこでいくら論理的に説明しても、異なる価値観ではデータも論理も異なるものが用意され、収拾はつかない。

そこで重要になるのが人の心を動かし、共感を呼ぶための「ストーリー」だ。MBBではこのストーリーテリングの右脳の手法を重要なスキルと考えている。

佐々木繁範氏は『思いが伝わる、心が動く　スピーチの教科書』（ダイヤモンド社）の中でこう説明している。

「ストーリーという形式は、主人公と同じ目線で出来事を疑似体験するのに大変適しています。さらには、かつて遭遇した、似たような自分自身の体験を思い出すスイッチとなります。そのような過程で、聞き手が主人公に感情移入し、共感し、心が揺さぶられるというわけです」

高質な思いを実践していくには過去のしがらみや旧来からの習慣、ルールを打ち破って、新しい世界を切り開いていかねばならない。当然、抵抗感を表す人も多いだろう。単に理詰めで話していても、「難しそうだ」「そんなに急に変えなくてもいいだろう」という反応しか返ってこない。「日本以外のグローバル市場での売上高を50％に高め、グローバル競争で勝ち抜く体質を創りたい。そのために海外の優秀な人材が社内で十分に働けるように、日本人の意識改革を進めなければなりません」という風に上から目線で提案されてもなかなかすぐにイメージはできかねるだろう。

しかし、同じ思いをストーリーを使って話せば受け止め方が変わってくる。「自分も同

図表2-10　**効果的なストーリーの要素**

▪自分の思いをわかってもらうために：

・なぜそう思ったか、その背景となるできごとや出会い、場面を正直に語る
・その思いを成し遂げた暁にはこうなる、という自分の夢を目に浮かぶようなリアリティで語る
・自分の信念や価値観を表す事例（歴史的できごと、自分のエピソード、偉人の足跡や金言など）を語る
・自分らしさを信じてもらうために、自分の失敗談から学んだことや、友人や家族から言われてグサッときたことを語る

じことを考えたことがある」「自分もそうしようと思っていたんだ」という気持ちを呼び起こすことができる。そして高質な思いに揺さぶられて、自分もその物語のキャストになりたいと思うだろう。

たとえば、「当社もかつてはベンチャー企業でした。つまり既存の前提のない状況です。そのころはアメリカやドイツの先端技術を貪欲に学んでいました。そのときには人事の評価や給与などにはお構いなしに、皆海外へ飛び出し行きっぱなし。現地の取引先に溶け込んで一緒になってモノづくりをしていました。当社にはそんなベンチャースピリットがあり、制度なんかは後回しという気風があったのです。環境が大きく変わる今、まさに前提がないのと同じです。前提とするものがあると思ってはいけないのです。制度なんかは後回し、その気風の復活が重要なんです。まったくゼロか

ら絵を描こうじゃありませんか」

スティーブ・ジョブズは創造の天才であるとともに、スピーチの天才でもあった。「ハングリーであれ、愚かであれ」「今日が人生最後の日だと思って、何があろうと自分の心にしたがって、愛することに取り組め」といった、たくさんの金言を残している。その言葉自体に魅力があるのだが、そのメッセージはジョブズの個人的な体験の中で語られるために、より強いメッセージとして私たちに響いてくる。体験的に自分の弱さを語り、自分の夢を語り、その上で「ハングリーであれ、愚かであれ」とメッセージを発したからこそ共感を得たのである。

ストーリー展開のコツは映画や小説にある。筋書きのパターンを考え、自分の状況にあうストーリーを考案していく。筋書きにはよくあるパターンもある。筆者らが『アイデアのちから』（日経BP社）を基に考えているのは次の四つだ。

- 挑戦の筋書き（ロッキー、ロード・オブ・ザ・リング、スター・ウォーズ）
- 絆の筋書き（プライベート・ライアン、リメンバー・ザ・タイタンズ）
- 創造性の筋書き（シャーロック・ホームズ、ミッション：インポッシブル）
- 悩み（実践知）の筋書き（グレイズ・アナトミー、プライベート・プラクティス）

これらの映画を頭に描きながら、自分の実体験や聞いた話、新聞や雑誌の情報などを基に再構成し、ストーリーのイメージをまず作る。概略が決まったら、「状況設定→葛藤→

出会い→解決」などのシナリオを想定し、そこに事象をはめこんで構成してみるとよい。

また、その中にメタファーやキーワードなどのレトリックを活用し、聞き手の頭に残るメッセージを作成していく。MBBでは、このようなストーリーテリングの手法を学んでおくことで、思いの共有を効果的に促進できる。

○――チームコーチング

思いを共有化していくうえで有効な手段がチームコーチング（双方向のコーチング）だ。いくら思いが大事だとは言っても、一方的に自分の思いを言い放つだけでは、思いの押し売りになり、誰も共感はしてくれない。と同時にコーチングのように一方的に聞きまくってもなかなか本心は語ってもらえない。コーチングは相手に対して、気づきを与え、考えを引き出すとともに、勇気づける効果的なツールだ。しかし、通常のコーチングのように、ただ「あなたはどう思うの？」と聞くだけでは、暗黙知である思いの場合には不十分なのだ。自分の思いをどこまで吐露するかは、相手との信頼関係や距離感によって決まってくるからだ。

また、場合によっては「思いは何か？」と聞かれても、何も考えていないこともある。そんなところで聞かれても、「答えは自分の中にある」わけではないので答えようがない。それゆえMBBでは、思いを相互に語り合うことで共有を進める。それが、チームコーチングであり、「思いの双方向性」が基本となる。

すなわち、まずは自分から相手に、自分の思いを投げかけるところから始めることが肝心だ。それにより相手の警戒心を解くと同時に、考えるヒントを与える。その後で「あなたはどう思うか?」と問いかけて相手の思いを刺激していく。そのようなプロセスがなければ共感や一体感は生まれてこない。このようなお互いの「思いを吐露し合う場」がチームコーチングだ。

このような場を持つときに重要なのが、相手の気持ちになることだ。自分の思いを吐露した後で、相手の思いを聞く。しかし、そのときに自分の思いに固執していては相手の真の声は聴こえない。相手の立場に立って聴くといわれるが、人間はなかなか謙虚にはなれないものだ。その原因が「メンタルモデル」と言われるものだ。メンタルモデルとは、自分の価値観や世界観、あるいは思い込みや思考パターンなど、物事を判断する際の自分の癖となっている前提だ。

たとえば、本社と工場現場との間にあるメンタルモデルの例を考えてみよう。

「本社はコストダウンばかり要求してくるが、すでに血のにじむような思いでコストを下げてきた現場の苦労をちっともわかっていない」

「現場はいつも人繰りができないとか、部品の調達が間に合わないと不平不満ばかりいうが、会社全体の利益がちっともわかっていない」

それぞれに対現場、対本社のメンタルモデルが存在し、それがコミュニケーションを阻み、思いを理解しようとしない姿勢を生んでいることは多々ある。

これは組織間でのメンタルモデルだが、個人間でもメンタルモデルは存在する。

「あいつは、いつも数字で論理的に攻めてくるが、頭でっかちで融通のきかないやつだ」

「あいつは情緒的で、どの仕事でもきちんとやらずに好き嫌いで、手を抜くように見える。いいかげんなんだ」

相手のことや相手の立場を理解しようとしない限り、メンタルモデルが立ちはだかって共感どころではない。

職場で話をしていて、「なんで話が食い違うのだろう」とか「どうしてわかってくれないんだろう」というケースはないだろうか。それはたいていお互いのメンタルモデルがコミュニケーションを邪魔しているのだ。

メンタルモデル自体は誰しもが持っているものだ。しかし思いを共有していくには、まず自分のメンタルモデルに気づき、そして相手のメンタルモデルを理解し、お互いの食い違いを乗り越えていかなければならない。メンタルモデルを超えて互いに共感できる関係を築くには、話のコンテンツに対して意見を言い合う前に一歩引いて、相手の前提を想像したり、直接聞きだしたりする努力が欠かせない。

「なんだか話が食い違っていない？」

図表2-11　メンタルモデルを乗り越えるコツ

1. 先走って解釈したり、結論づけたりしない。まず最後まで聞く

・相手の話が終わるまで判断を下さない

・パラフレーズして確認する

・「こういうことと解釈してもいいのかな？」

・「つまり、……だというわけね？」

2. 自分の気持ちとのギャップが生まれている原因を考えてみる

・結論を予想するのではなく、「どのような気持ちで、何を伝えたいのか」を考えながら聞く

・ネガティブな感情を抱いたら、自分は相手を決めつけていないか、冷静になる

・相手のメンタルモデルは何だろうか？

・生まれ育ち、現在の環境、相手の相手、最近のできごと……どれくらい知っているか？

3. 目の前の課題を論議する前に、より上位の目標で合意する

・本来やるべきことは何なのか思い出してもらう

・会社の思いを確認する

・自分の思いを伝える

・「そもそも何をすべきなんだっけ？」

4. 相手の意見や気持ちを聴いて、相談にのる

・互いの前提の違い（メンタルモデルの違い）を共有する

・妥協ではなく、よりよい目標、よりよい合意へ

・「ひょっとして、……という前提じゃない？」

・「こういうふうには考えられないかな？」

「ひょっとして、こういう前提で話してる?」

「ぼくはこういう前提で考えているんだけど、あなたはどう?」

そんな問いかけを発しながら、メンタルモデルを意識したチームコーチングによって、無意識のうちにできあがっている心の壁を崩し、思いを共有化していくことがMBBでは重要だ。

SDS

SDSは「SECIモデル」をベースにした対話セッションであるSECI Dialogue Sessionの略称だ。

かつては職場でお互いに共感し、思いを共有化する場がいろいろと存在していた。OJTの場や、たばこ部屋、仕事が終わった後の赤ちょうちんがそれだ。ところが最近はOJTが下火となる一方で、喫煙者も減り、終業後の「ちょっと一杯」はそれ以上に廃れてしまった。今はそれゆえ意図的に、つながりをつくり、思いを語り合う機会を設ける必要が生じている。

MBBを進めるためにも、個々人が普段から思いを語る体験をし、身近な職場の仲間同士で、気軽に思いを語る風土が必要だ。年に一回のMBO面談のときに、「はい、あなたの思いを語ってください」といわれてもなかなかつらいからだ。そのような思いを語り合

図表2-12　**SDSの進め方（例）**

概要	・狙い：内省の習慣づくりと場づくりのスキルを学ぶ。 ・効果：マネジャーが自分のマネジメント上の立ち位置を見出し、自信を持てる。職場が結果的に明るくなる。 ・規模：5~6人のマネジャー＋ファシリテーター ・時間：毎回90分で毎週1回集合
全10回の流れ（例）	総合テーマを主催者（人事部など）が決定し、全10回分の小テーマを設定 ・第1回："キックオフ&マネジャーの役割" ・第2回："マネジャーの役割の確認" ・第3回："自分のマネジメントの特徴" ・第4回："自分流マネジメントの生い立ち" ・第5回："自分にとっての修羅場体験" ・第6回："自分のモチベーション、動機" ・第7回："成功の秘訣、コンセプト化" ・第8回："対人関係" ・第9回："周囲とのコミュニケーションのあり方" ・第10回："今後のビジョン、実践のマイポリシー "
各回の流れ	・Management Reflectionで、前週の振り返り：30分 ・Theme Dialogueで、各回のテーマについて学習：30分 ・Deep Diveで、各回のテーマについて議論：25分 ・振り返りメモの作成と次回予告・宿題：5分
場所とセッティング	・社内会議室で可。しかしやや広めで開放的な雰囲気の会議室がベター ・テーブルを囲んですわる（ファシリテーターはその中の一部になる） ・お茶菓子などを用意してリラックスムードを演出

う普段からの関係性づくりのためにMBBの一環として開発されたのがSDSだ。標準的な進め方は図表2-12に示すとおりだ。

SDSによって自分を吐露し、人から気づきをもらい、自分の考えをまとめていく楽しみを味わうことができる。また日々、実践するモチベーションを高めていくと同時に、つながり合う感覚を身につけていく。OJTや赤ちょうちんで同僚や先輩と思いや本音を語り合う機会をSDSで復活させるわけだ。そこには思いを高質化し、共有化する糸口がたくさん存在する。
SDSの効果はおおむね次のように要約できる。
・日々の仕事やマネジメントの悩み、孤立感をお互いに吐露し、みんなが同じように思い、悩み、感じていることを知って勇気づけられる。
・思いやビジョンを周りにわかりやすく表現するコツを得られる。
・自分ならではの動機を再発見し、仕事のスタイルを磨いていくきっかけになる。
・他者との交流の機会をつくり、積極的に自分を開いていけるようになる。
・自ら語り、仲間と共有し、フィードバックを受けて、共感の文化を育てるプロセスを体感することで、職場でも自ら語り合い、聴き合う文化を先導できるようになる。
・部署、部門が違っても、自分の立場でぶつかり合うのではなく、共感・共鳴し合える関係となり、貸し借りができる裸の人脈を築くことができる。
いずれも日ごろの忙しい職場では望めないことばかりだ。SDSの落ち着いた雰囲気の中で、安心して語り合い、じっくり聴き合う時間を創出してほしい（詳細は、徳岡晃一郎著『ミドルのための対話型勉強法』〔ダイヤモンド社〕を参照してほしい）。

第3章

組織としてＭＢＢを実践する四つのフェーズ

1 組織の思いを育む

これまでは一人ひとりが思いをどう育み高め、そして実践していくか、共有していくかを見てきたが、次には組織全体でMBBの四つのフェーズにどう取り組んだらいいのかを考えてみたい。

まず、組織としてどう思いを育むかだ。ここでは、ビジョン、コーポレートカルチャー、思いのネットワーク、コミュニティというツールについて考えてみたい。

ビジョン

組織としてMBBを推進していく上で最も重要なものは何だろうか。個人の思いはそれぞれにあるだろう。しかしその前提として皆の思いの中心にあるべきなのが企業ビジョンだ。

一人ひとりにやりたい思いや夢があるように、企業ビジョンは組織の夢やゴールとしての思いである。アンブレラとして社員の思いを方向付けをしたり、皆の思いを掻き立てる壮大な目的が示されなければならない。

かつてジョン・F・ケネディが高らかに謳い上げた「人類を月に」のような壮大な夢もあるだろうし、星野リゾートの星野佳路社長が掲げる「リゾート運営の達人になる」という自分たちの目指すドメインを明確にするものもあろう。また、日産のゴーンCEOが1999年に社長に就任したときに日産再建のために出した「2005年までに世界一流のグローバルな自動車会社に復活しよう」といった宣言でもいい。

いずれも、成員（国民や社員など）をワクワクさせるような夢がビジョンとして掲げられることで、組織を生き生きとさせ、一人ひとりに自分のビジョンを描かせる契機となる。

企業ビジョンは組織成員共有の思いを育むツールとなるが、その作成に当たってはトップが自ら作る場合もあるし、社員たちと知恵を出し合って思いを共有し合って作る場合もある。またその際には日本企業で特に重要なのは海外の子会社、グループ会社の社員も巻き込むことだ。最近ではばじめから英語で作成する会社もある。

また、全社ビジョンを作成したら、それを部門や個人に落としていく浸透プロセスも重要だ。その過程で皆の思いをすり合わせていくことができる。また、そのビジョンの実行を確実にするために、ビジョン実践のためのバリュー（価値観、行動指針など）を定めていくのも効果的だ。これによって、皆の思いはさらに具体的に育まれることになる。

資生堂では140周年とグローバル戦略の促進を機会に、2011年にバリューを刷新した。

図表3-1　**資生堂のMVW**

In Diversity, Strength. In Challenge, Growth. In Heritage, Excellence. という韻を踏んだ英語表現だ。この作成に当たってはグローバルに全社員を巻き込んで、次代の資生堂への思いを育むプロセスを織り込んだ。そして、作成後にはこれを実践してもらうために、実践事例のケース集や人事評価への反映がなされていった。このようにビジョンそれ自体とその作成プロセスを通じて社員全員で思いを育んでいくのがMBBでのビジョンの役割だ。

○——コーポレートカルチャー

「コーポレートカルチャー」（企業文化）は「社風」（企業風土）と混同されやすい。「うちの会社は何となくおっとりしている」「あの会社はきびきびとしている」などというのは社風の部類だが、コーポレートカルチャーは企業の意志であり、価値観（Value）が実体化した組織能力そのものである。それゆえMBBでは、コーポレートカルチャーは成員個々人の思いの苗床として組織として戦略的に育むものであると捉えている。ビジョンが一人ひとりの目線を引き上げるものである一方で、コーポレートカルチャーは皆の思いを育み、その足元を揃える。

個々人が企業ビジョンに関して思いを巡らせ、自分の思いをビジョンとして掲げる。試行錯誤でそれを実践していく。そのダイナミックなプロセスを駆動させるのがコーポレートカルチャーであり、同時にその結果としてコーポレートカルチャーは正当化され実体化されていく。

より多くの社員が、主体的な思いを持って、ビジョンを明示し、その実現へ向けて責任を持ってアクションを取るとき、コーポレートカルチャーは厚みを増し、風格が出てくる。企業や組織は、しっかりとビジョンを見据えて、そこへ社員が自律的に立ち向かえるようなコーポレートカルチャーを育てる作業をしていかなければならない。「強い企業文化」あるいは「勝負に勝つ企業文化」を創造する作業といってもいいだろう。

コーポレートカルチャーを構築する方法には、研修やイベント、討論会、SNSを使ったジャムセッションなどさまざまなものがあるが、その本質は場の共有による共創だ。できるだけ多く、そうした場を作り、皆で自分たちの思いを育み達成する企業文化とはどの

図表3-2　**MBBとコーポレートカルチャー**

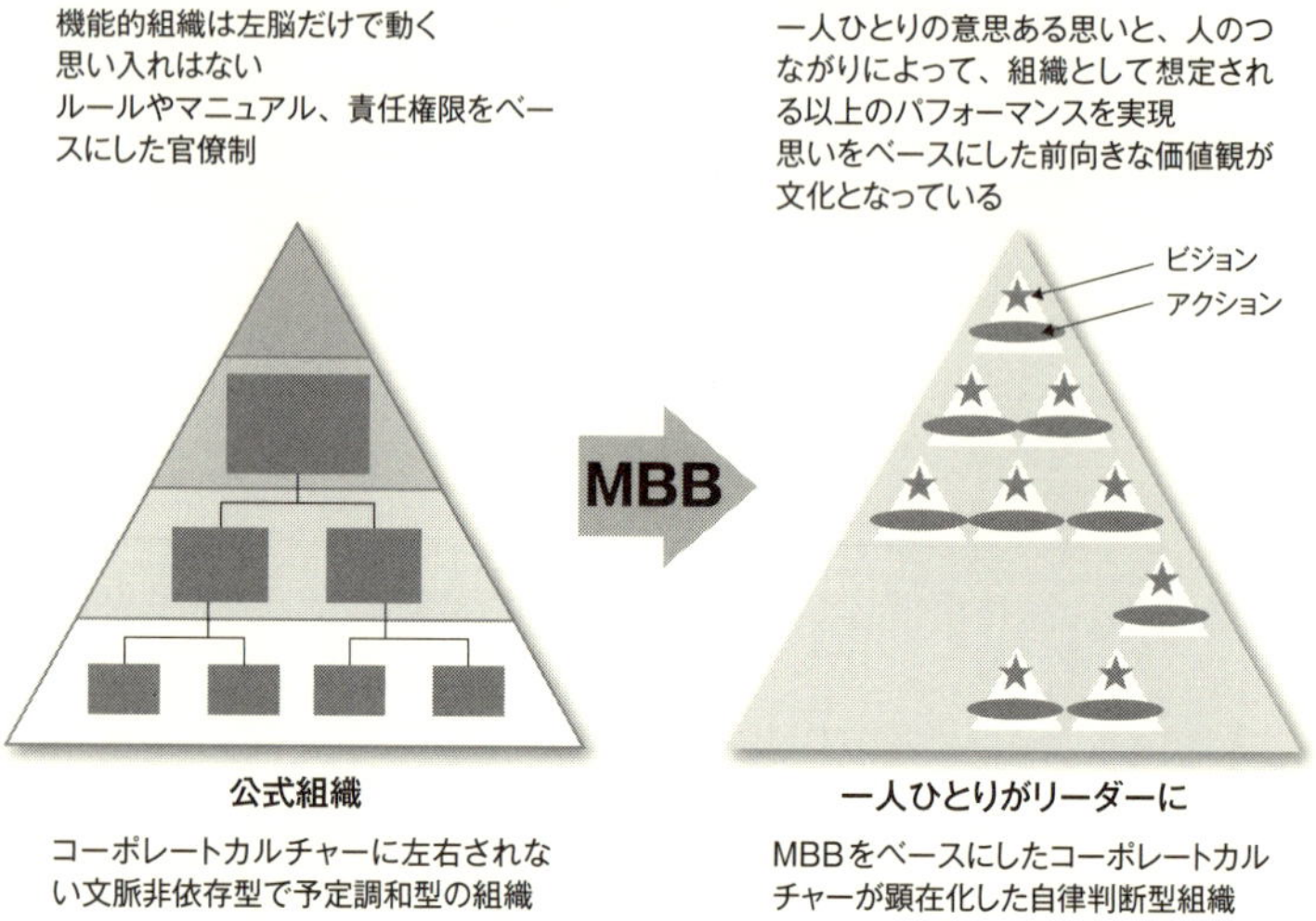
機能的組織は左脳だけで動く
思い入れはない
ルールやマニュアル、責任権限をベースにした官僚制
MBB
一人ひとりの意思ある思いと、人のつながりによって、組織として想定される以上のパフォーマンスを実現
思いをベースにした前向きな価値観が文化となっている
ビジョン
アクション
公式組織
コーポレートカルチャーに左右されない文脈非依存型で予定調和型の組織
一人ひとりがリーダーに
MBBをベースにしたコーポレートカルチャーが顕在化した自律判断型組織

ようなものなのかを理解しあい（Understand）、納得し（Accept）、行動に移せる（Commit）ように推進していくプロセスを根付かせていくことが重要だ。こうしたコーポレートカルチャー構築プロセスは、思いを持った自律的社員を増やすという意味で、MBBカルチャーの浸透そのものでもあり、個々人のMBB推進を強力に後押しするものになる。

思いのネットワーク

強いコーポレートカルチャーを構築し、皆で思いを育んでいくためには組織全体で自由にコミュニケーションが取れる状態、しくみが必要である。思いのネットワークだ。

上司‐部下の間ではあっても人間同士としてのコミュニケーション、トップと現場の腹を割ったコミュニケーション、本社と現場の間あるいは部門間でのメンタルモデルを超えるコミュニケーション、親会社と子会社の間が力関係だけにならないコミュニケーション、団塊世代が徐々にリタイアしていく中でどのように彼らの思いを伝承していくかなどの世代を超えたコミュニケーション、ダイバーシティが進む中での性別、国籍、出身などのバックグラウンドを超えるコミュニケーションなどなど。従来のモノカルチャー的でピラミッド的かつ静的なコミュニケーション環境ではもはやない。

こうした複雑で多様でダイナミックな環境下で、皆が思いを育みあってこそ、MBBをベースにしたレジリアント（強靭）で戦闘能力の高い組織ができる。そのような一個人として自由かつ縦横に思いを吐露し合える環境づくりが重要だ。

「社長がそう言っているから、そうなんだ」

「部長がやれって言っているから、やろう」

これでは立場をベースにした表面的な指示命令があるだけで、思考停止の状態だ。それでも組織は動くが、そこに思いはない。個人や組織の思いを基盤にしたレジリアントで勝負に勝てる企業文化は作られていかない。やはり会社が提示してくるテーマや課題に対して、職場で互いに意見を出し合い、自発的に理解、共有し合うコミュニケーションが必須なのだ。そうやって会社のテーマや課題を各自が自分事化していくプロセスをMBBでは

図表3-3　**思いのネットワーク**

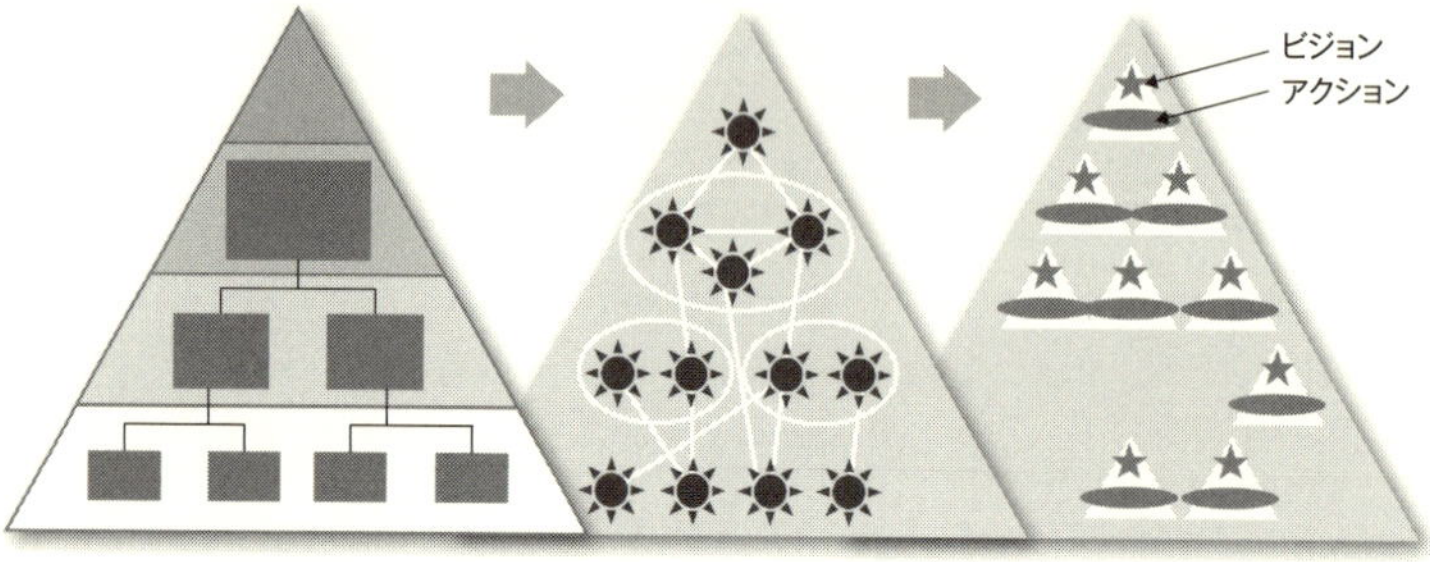

重要視する。自分としてはどう考えるべきかを促し、腹落ちさせていかなければならない。

思いのネットワークを育む環境を作るためには、社内SNS（匿名、記名）やタウンホールミーティング、階層を超えたダイレクトコミュニケーション、お祭りやイベント、ワイガヤなど立場を超えて自由に発言する場づくり、仕掛けづくりをしていかなくてはならない。

コミュニティ

ソーシャルコミュニケーションが活性化されると、組織のビジョンと個人の思いが連動し、コーポレートカルチャーが築かれる。そのソーシャルコミュニケーションがうまく取れている集団がコミュニティである。思いでつながっている集団だ。そこでは思いを共に育む関係性ができあがり、コミュニティの価値観が育っていく。そこでは信頼関係に基づき暗黙知を吐露することができる。これがMBBを推進する際の非常に強力なセーフティネットになるわけだ。

コミュニティは一つではない。プロジェクト単位、部門や出身校、同期のグループなど、いろいろな切り口があり得る。考え方としては物理的な職場を超えたグループであるが、もちろん、ある課や部で、一つのテーマによってつながっていて、自由闊達に言い合い、聴き合えているのであれば、それをコミュニティと言ってもかまわない。

特に昨今のように国を超え機能を超えた複雑な3軸のマトリックス組織やクロスファンクションチームなどが多用されるようになると、そこに携わる人々がいかに効果的にチームビルディングできるかが組織パフォーマンスの成否を握るようになる。その点でも、メンバーが各つながりにおいて思いをともに育み合い、個人的な関係性を築きメンタルモデルを乗り越え、暗黙知を共有できるかがカギになる。クイックにコミュニティを形成するスキルを組織として習得していかなくてはいけない。

コミュニティに特徴的なのは右脳の文化を持っているという点だ。論理的な集団ではない。理屈ではなく、「この人たちと一緒だといい仕事ができそうだ」という予感や、「この仲間とならうまくやっていける」といった気持、あるいは「彼らといると楽しいんだ」という乗りのよさなどが個人をつなげる糊の役割を果たし、コミュニティを形づくっている。

それゆえコミュニティを築くために組織として気をつけなければならないのが人間関係

のプロトコルだ。これがしっかりと存在しないとコミュニティを育て、維持していくのは難しい。何でも言える、議論してもケンカにならない、そんな人間的なつながり、信頼感が欠かせないのだ。

コミュニティはまた企業文化にも大きな影響を受けてしまう。自由闊達な文化であればいいが、逆に官僚的で「長いものには巻かれろ」「もの言えば唇寒し」、序列を気にして言いたいことが言えないような文化ではコミュニティが育たないのは言うまでもない。またすぐにリストラする会社でもコミュニティはぐちゃぐちゃに潰されてしまう。それだけコミュニティはデリケートな性質を持つのであり、MBBを推進するためには常に阻害要因を取り除き、よいコミュニティを維持・発展させるための組織的フォローが欠かせない。人事部の大きな役割だ。

2 組織の思いを表出化する

こうして思いを育む仕掛けをつくっていくわけだが、次はそれを組織レベルで表出化する仕掛けだ。ここでは、ソートリーダーシップ、グローバルナレッジコンバージェンス、ビジネスプランプロセスを挙げたい。

ソートリーダーシップ（Thought Leadership）

第1章でもソートリーダーシップに触れたが、これまであまりクローズアップされてこなかった概念だ。しかしこれからは、ソートを明確にしたうえで、ビジョンとバリューをきちんと提示する時代である。

昨今は、地球環境の問題や貧困問題、食糧問題などを見てもわかるように、人類が共通の世界的課題にぶつかっているグローバル・ビッグ・イシューの時代だ。先進国ではより環境を考慮して古いインフラの刷新が必要であり、新興国では成長する経済に合わせたエコシステムを重視したインフラ整備が欠かせない。

リーダーシップもグローバル・ビッグ・イシューの時代、インフラ再構築の時代にふささ

図表3-4　ソートの事例

▪ Smarter Planet	IBM
▪ ゼロ・エミッション社会	日産
▪ Human Centric Intelligent Society	富士通
▪ 社会イノベーション	日立
▪ Ecomagination	GE
▪ Collaboration	Cisco

わしいものが求められている。これまでは、インフラや想定する社会は所与のものとして、自社の思いを語り、自社の夢を描けばよかったのだが、今日ではもっと社会の再創造そのものにコミットすることが求められているのだ。

「世界をもっとこのように変えていかなければいけないのだ」という大きな視点に立たなければ、自社としての責任を果たしたとは言えない。世界的な共感を集め、リーダーシップを発揮することはできない。ここに自社としての地球や世界への思いを込めて表出化する重要性が浮かび上がってくる。

たとえば第1章で挙げた日産のゼロ・エミッション社会というソートの事例の他にも、富士通では、ブランドプロミスでは「shaping tomorrow with you」を掲げているが、ソートでは「Human Centric Intelligent Society」を標榜している。

ブランドプロミスは自社がお客様の要望に寄り

添っていくという真摯な姿勢を表しているが、それだけでは富士通としての将来社会へのコミットは希薄だ。どういう社会を富士通として創造したいのかの意志は見えない。それゆえ、ソートとして、ＩＣＴが人間性を無視した無機質で度を越した社会につながることなく、あくまでも人々が暮らしよく、幸せになるということを基軸にした知恵の社会を創造する。そのためにＩＣＴをフルに活用するという思いを込めているわけだ。

これにより社会への責任を明確化し共感を形成するとともに、社員にもプライドを持たせることができる。このように未来社会に軸足を置いて思いを表出化することがＭＢＢ経営では非常に重要になる。

○――グローバル・ナレッジ・コンバージェンス（Global Knowledge Convergence）

グローバル・ビッグ・イシューやインフラの再構築のような、世界的な問題に対処していくには日本だけで考えていても大きな構想は出てこない。また経営のグローバル化を進めるためにも、世界中の社員の知恵を総動員して、市場の創造、新技術の開発を進めなくてはならない。その進め方もオープンイノベーションで社外の知を紡ぐ仕方も広がってきたし、リバースイノベーションのように新興国中心で先進国へのインパクトの逆輸入も重要なプロセスになってきた。

このように世界中の人と知を共有し合って、自社の思いを表出化していくことが重要になっている。そういう活動が「グローバルナレッジコンバージェンス」だ。世界中に分散している形式知や暗黙知を結集し、皆の思いとして表出化するわけだ。

たとえば近年ＩＢＭがソートリーダーシップ活動で展開している「Smarter Planet」では、もっと賢い地球にするために、ビッグデータを活用したＩＣＴで世界中のインフラを再整備することを世界戦略にしているが、そこでは世界中の知を集めて、Smarter Planet への思いを表出化する努力を重ねている。具体的には、次のようなグローバル規模でのコミュニケーションとナレッジマネジメントに取り組んでいる。

・グローバル広報部の傘下にグローバルマーケティング本部を置き、そこでソートリーダーシップ・コミュニケーション活動として展開
・全世界で同時推進し、「世界を変える」意欲を表明
・電力問題、食糧問題、交通問題など各テーマにおける自社の研究開発の膨大な蓄積をオープン化し、未来像を提言
・世界中の有識者とのイノベーションジャム（世界の有識者とのオープンダイアローグ）と連動し、スマートなインフラへ向けての知識を蓄積・共有・公開
・各テーマにおける世界の知見の収集、公開
・インフラビジネスの提案と実証実験の発掘、参加、協力
・統一ロゴや広告展開、セミナーなどによる共創相手への膨大なメッセージの発信

・世界のトップ企業のリーダーや政界、学会のトップを集めたIBMビジネスリーダーシップ・フォーラムでの各テーマの集中討議

このようにIBMは自社のソートを明確化しつつ、その具体化のために世界の知を集めて、ソートで実現したい思いの表出化を多角的に図っている。単なるビジュアルのブランディングを超えて、グローバルイシューに対して世界の知を統合・吸収し、自社の立ち位置と知見の明確化を図ろうとしているのだ。こうした動きがグローバルナレッジコンバージェンスだ。グローバルナレッジコンバージェンスによって組織の思いの表出化をダイナミックに行い、世界共通の思いに高質化していくことができる。

ビジネスプランプロセスでのMBOとの連動

個人の思いや組織の思いは企業活動を通じて価値に転換されなければならない。一つひとつの思いを集め、意味のある絵にしていく必要がある。カギを握るのが経営戦略との連動だ。思いが経営戦略と連動しなければ実現不可能な思いで終わってしまう。また逆に思いが連動せずに、利益だけを追い求めて見かけ上の成功で終始してしまう場合も多い。

いくら企業トップが「世界から貧困をなくす」と宣言しても、社員個々人が共感し実務に落とし込まなくては意味がない。また逆に社員個々人が「温暖化ガスをゼロにする技術が自分の夢だ」と夢を語っても、経営戦略と一対にならなければ実現のプロセスは描けな

い。

たとえば「私は顧客第一主義を大事にしたい」という思いがある場合、それだけでは日常の仕事では実際にどういう行動を取ったらいいかがわからない。やはり経営方針、中期経営計画、自部門の計画、年度計画などの立案プロセスで、経営の各層が責任者として自分の思いやビジョンを明確化し、スタッフたちはそれらを咀嚼し、自分の目標管理の中に落とし込んで、今日やること、1週間でやること、1カ月でやることといった具合に明確な形で顧客第一主義を業務に具体化していく必要がある。

自分の思いと経営戦略が連動すれば、目の前の仕事に自信を持って取り組めるようになる。ここでは右脳の思いが徹底的に左脳化されて、的確な業務目標や行動目標に落とし込まれなければならない。

また、思いのピラミッドの第4層、第5層で抽出した「壁」や「突破するポリシー」を現実の作業の中に組み込み、既存の組織やルールのありようを変えるブレークスルーも織り込まれなければならない。単にいつもの年度計画の繰り返しでは、せっかくの思いはビジネスに連動していかない。それゆえ、MBB経営においては、まずトップ自らが思いのピラミッドをきちんと書き込み、マネジメント層がどのような壁やしがらみに対処するのかを明確にしていくことが必要だ。

しかし、組織の階層を下るにつれて、せっかくのトップの思いは薄まり、組織の下の方

図表3-5　ビジネスプランプロセスとMBBの連動

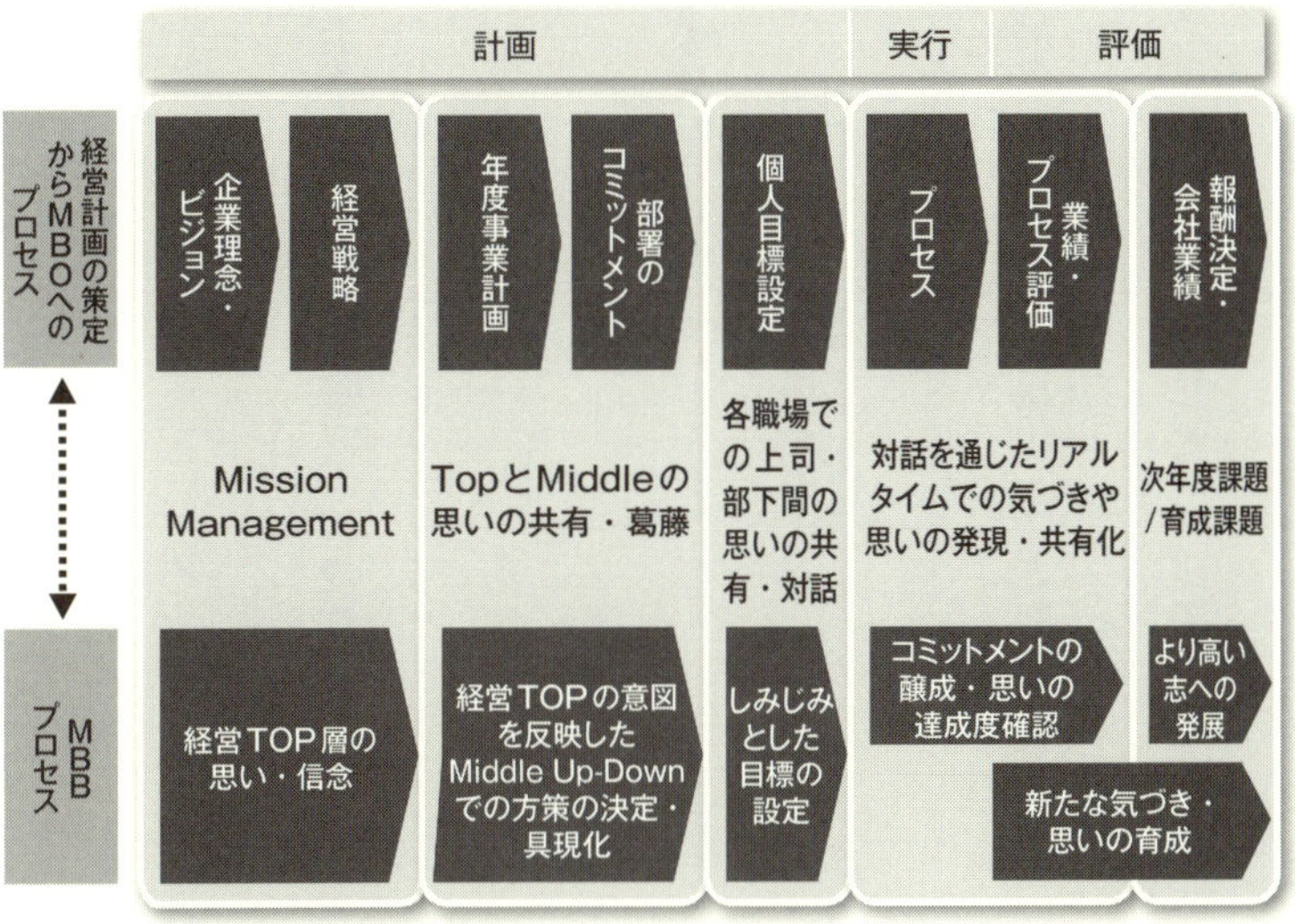

では数字だけが独り歩きする傾向になる。経営方針や戦略計画が単に前年度をベースにした売上・利益やシェアなど主に数字を追いかけるものや、景気動向に振り回されて数値合わせに終始してしまっては何の意味もない。経営方針や経営計画を作りカスケイドするときは、必ずトップの思いや役員の思い、部門長の思い、部課長の思いを込めてカスケイドしていかねばならない。そうして初めて社員一人ひとりのMBOの目標設定においても個々人の思いが反映できるようになる。

　個人の思い、組織の思いがたっぷりと入り込んだビジネスプランプロセスであれば、MBOはMBBと一体となって動いていく。

カルソニックカンセイでは、納入先である日産自動車の中計に合わせた高い目標（ＭＢＯ）を達成するために、数値を一人歩きさせないようＭＢＢを連動させたビジネスプランプロセスの充実に取り組んでいる。トップから全管理職までがＭＢＢ研修を行い、本部長層から思いのピラミッドを作成。それを各本部の中で展開し、思いを表出化しながら、目標設定を行っている。

3 組織の思いを正当化する・実践する

組織として育み、表出化してきた思いを実践に移すためには、個々人のレベルできちんとブレークダウンされてＭＢＯに落とし込まれていることがカギになる。組織の思いと個々人の思いとすりあわせ、実践できるようにする仕掛けをビルトインしなくてはいけない。

○——BELIEF基準

まずは一人ひとりがMBBのプロセスで生み出した自分の思いや夢、ビジョンを、上司や同僚・チームメンバーたちと同じ観点でチェックして正当化するプロセスを用意する。それがBELIEF基準だ。各自が抱いている夢や思いは最初は個人の主観だが、それを組織として共有できる高い志や強い信念に、そして実現可能なビジョンに組織として議論し正当化していくことが必要だ。正解、不正解ではなく、皆の思いのレベルを上げ、組織の思い、社会的に認知される思いにしていくことだ。そのような個人の主観を組織の客観にしていく底上げ装置を組織能力として持っておくことがMBB経営には欠かせない。

この時点で確認する思いは、各自が自分の業務上の思いとしてこの数年などのスパンで（中計期間中などの一定時点、あるいは今の職場や部門にいる間など見通しの効く範囲で）成し遂げたいと考えている大きな思い・夢や抱負などである。

BELIEF基準とは、そのような大きな思いを正当化するための五つの視点であり、下記の五つの要素の頭文字をとったものだ。

・Becoming（掲げた思いは自分自身の将来のありたい姿をイメージしているか。真に自分事化されているか）

・Liberation（常識から解き放たれた斬新な目標か。過去のしがらみや惰性を振り切った

本質的な挑戦か）

・Ideal（共通善、「世のため人のため」を意識した理想を追求しているか。思いを達成するときに周囲の関係者からなるエコシステムに十分配慮がなされているか。自分だけが得するようではいか）

・Evolution（過去からどういう知の蓄積・進化があるのか。これまでの失敗をどう生かしているか）

・Fun（自分も周囲も楽しんでやれる夢なのか。周囲や部下はエナジャイズされるか）

このＢＩＬＩＥＦ基準に当てはめて、自分がやろうとしていることが果たして、十分に志の高い思いなのかを確認してみるのだ。どの思いが正しく、どれが間違っているかということを裁定する神様は組織内にはいないが、五つの観点から思いをチェックすることで、より皆が納得し取り組みやすくかつ、高いレベルの志が描けているかが確認できる。これは基準に対しての自分なりの説明に基づく議論を周囲や上司と交わし、相互理解と改善を加える目的に使う。ＭＢＯ面談の前にその前提としてＢＥＬＩＥＦシートを埋め、上司や関係者と対話する場を持つことが望ましい。

こうして正当化基準をクリアした大きな思いは、次項に述べるチェックを受けて、年度のＭＢＯ目標・方策に落とし込まれるとともに、その目標値ごとのより細かいレベルに落とし込まれる。業務目標と思いの紐付けである。これをＭＢＢでは「業務目標への思いの

図表3-6　**BELIEF基準で思いの質を確認する**

BELIEF基準			思いのチェック
Be	Becoming	自分自身の将来のありたい姿をイメージしているか	
L	Liberation	常識から解き放たれた斬新な思いか 過去のしがらみや惰性を振り切った本質的挑戦か	
I	Ideal	共通善、「世のため人のため」を意識した理想を追求しているか	
E	Evolution	過去からどういう知の蓄積・進化があるのか これまでの失敗をどう生かしているか	
F	Fun	自分も周囲も楽しんでやれる目標か 周囲や部下はエナジャイズされるか	

裏打ち」と表現している。その裏打ちはMBBシートに記入されることになる。MBBシートとは通常使われるMBOシートの中に思いを書き込んでいくように改良されたものだ（第4章参照）。

たとえば「工数削減による10％のコスト削減」という目標があったとしよう。それに対して「工数削減によって生まれた余剰の時間で、今までになかったデザイン性に優れた製品を作る」とか「コスト削減で浮いたお金を人材教育につぎ込み、個人と会社にとって有意義な投資にする」といったようなMBO目標の上位概念としてのMBBの側の思いを埋め込んでいくのである。今現在使っている目標管理シートに加えるだけなので、すぐに採用できるだろう。

こうして自分の思いが本当に志の高いものなのか、個別の業務は思いのこもったものになっているのかを確認していくのである。それにより仕事や活動にいっそう自信が持てるはずだ。

○――タフクエスチョン

ＭＢＢは右脳の活動だ。右脳の力で自分の思いを表出させる。ただし右脳で浮かび上がってきた自分の思い、またそれらが集合した組織の思いは、それを夢物語に終わらせないためにも実践されなければならない。挑戦すべき具体的なＭＢＯ目標に落とし込み、プライオリティを付けて、障害を突破して実現していくのだ。そのためには左脳によって組織としての正当化を図り、現実的で具体的な目標、数値、方策に置き換えていく必要がある。ＭＢＢで抱いた思いを組織として受け止めるプロセスである。

その場合にチェック機能を果たすのが「ＳＭＡＲＴ」「ロジカルシンキング」「タフクエスチョン」である。

まずＳＭＡＲＴによって自分の思いを置き換えた目標値が適正かどうかをチェックする。ＳＭＡＲＴとは下記の五つの指標の頭文字をとったものだ。

・Specific（具体的であるか）
・Measurable（測定可能か）
・Achievable（背伸びすれば届く範囲か）
・Relevant（上位目標とリンクしているか）

・Time-bound（時間軸は明確か）

夢やビジョンを実現するために、日々の仕事や活動の形で目標化したことが果たして十分具体的なものであるか。それがきちんと進捗しているかを測る方法はあるか。評価狙いの簡単すぎるものではなく、自分の精一杯の努力を反映した適度な背伸び（ストレッチゴール）になっているか。また上位目標とリンクしていて的外れではないか。いつまでに今の目標を完了させるのか期限は明確でタイムリーか。ＳＭＡＲＴの切り口で目標を洗い直してみると実現に向けて一歩、歩み出すことができる。

ＳＭＡＲＴチェックと同時に方策が理にかなったものになっているかのチェックをかける必要がある。それがロジカルシンキングだ。左脳的な論理・分析力によって思いを達成する方策をチェックしてみると、夢をかなえるのに必要十分（ＭＥＣＥ：もれなくだぶりなし）な方策がロジックツリーで明瞭に描け、それをベースに優先順位付け、選択と集中が行われているかを検討する。資源も時間も制約がある中では、いくら思いが強くても、破れかぶれ、手当たり次第、勘だのみでは実現しないからだ。

タフクエスチョンは、あえて厳しい質問を自分に投げかけて答えられるか、試練を与え、自分の目標や方策が思いを本当に叶えるのかを見極める手法だ。しがらみや壁を乗り越えてブレークスルーを果たすには、自分の目標設定や方策の策定において、本質的課題に向き合わなくてはならない。たとえば以下のような質問で自分の掲げる目標と方策をチェックしてみよう。

「この目標を達成すると、自分の思いはどこまで達成できるのか」

「思いが達成できると誰から（トップ、他部署、現場、顧客……）どのように評価されるのか」

「大きなブレークスルーにつながる今までにない大胆な方策なのか」

「他社がやっていることと、どこが違うのか」

「思いを阻んでいる壁は何か。それがこれまで崩せなかった真の原因はなにか」

「今回の目標と方策はその真因を取り除けるのか」

「この目標を達成しなかった場合に何が起きるのか」

「それでも平気だとする組織の惰性を生むしがらみはなにか。それは対策されているのか」

「リスクは何か」

「カギとなるスキルや資源はなにか、それはどう調達するのか」

このようなタフクエスチョンを自分に投げかけてみる。最初は簡単に答えられない質問もあるはずだ。しかしタフクエスチョンによって自分の目標は思いを実現するにはまだまだ浅いと理解できたり、さらに時間をかけて煮詰める必要があると思える。こうやって熟慮しながら答えを見つけるプロセスを経て思いや目標を組織レベルで正当化していくことができる。

○――事業創生モデル

組織の思いを正当化する究極のプロセスは、その思いを基に事業創生モデルを描くことだろう。事業創生モデルとは、共通善に基づく未来創造の思いを基軸に、知の創造と価値化というダイナミックなプロセスを組織に埋め込みながら、ビジネスを構成する諸要素を結び付け、ビジネスモデルを革新していくモデルのことだ。その中心は知識創造基盤（賢慮のリーダーが新たな価値命題の達成のために組織を巻き込んで知を生み出す知識創造の場とMBBプロセス）であり、それをドライブするのが、共通善を達成し新しい未来をつくりたいというリーダーおよび組織成員たちの未来創造の高い志だ。

この思いを達成するために、組織基盤（自社の内部資源や外部のパートナーとの連携）および顧客基盤（ターゲット顧客との関係性と価値提供ルート）を適切に構築し、収益に結び付けていく。競争戦略のテクニック論ではなく、未来創造への思いの強さ、志の高さが事業創生モデルの勝負どころになる。

この一連のビジネスモデル創造の中心に来るエンジンがMBBであり、思いの質の高さなのである。それゆえ、特にトップや経営陣が、組織としての自分の思いを基に事業創生モデルを描き切れるかが、究極の思いの正当化だと考えられる。

図表3-7-1　事業創生モデル（Business-Creating Model）

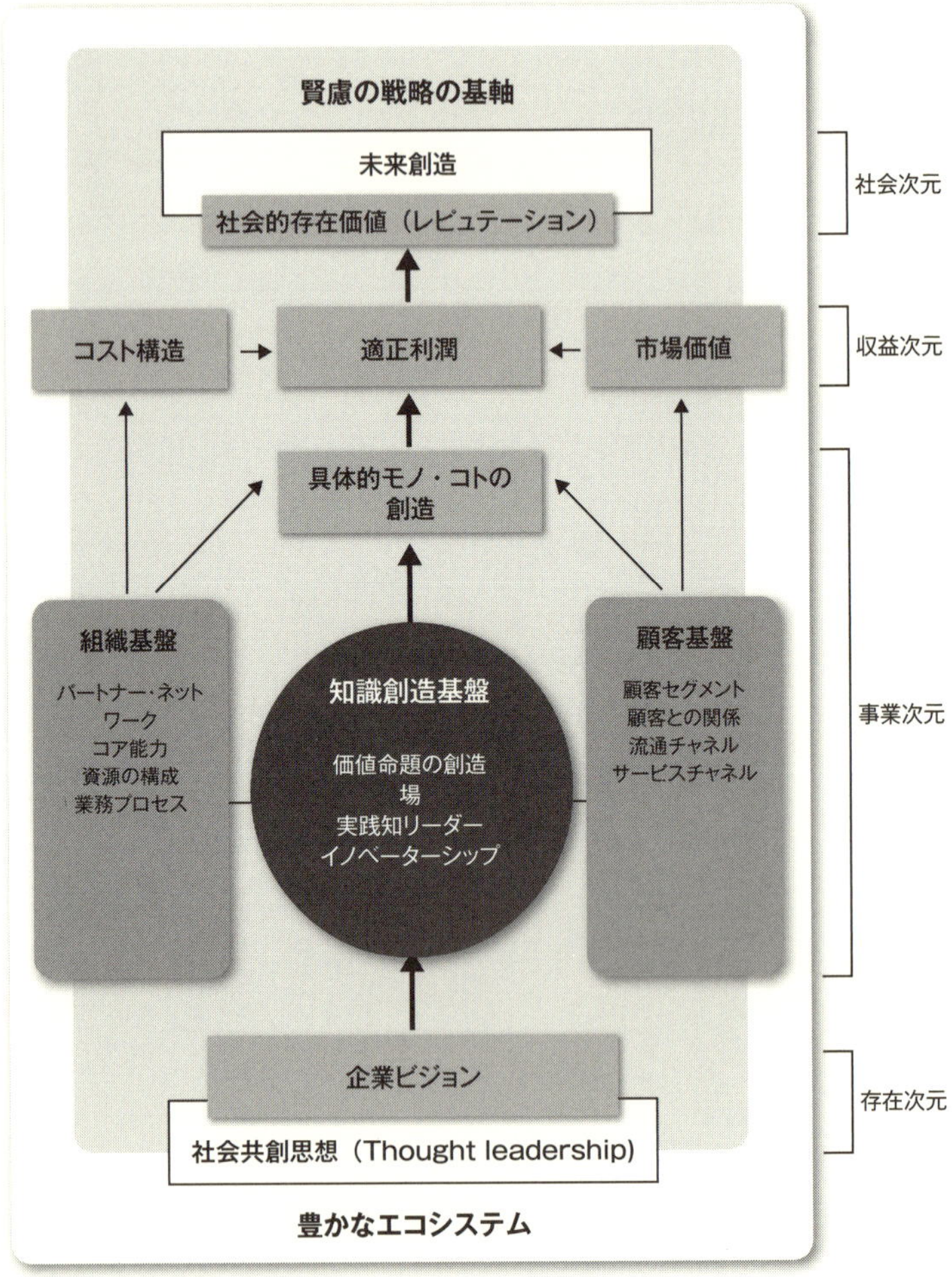

出典：『ビジネスモデル・イノベーション』野中郁次郎、徳岡晃一郎、2012年

図表3-7-2　**事業創生モデル・日産の事例**

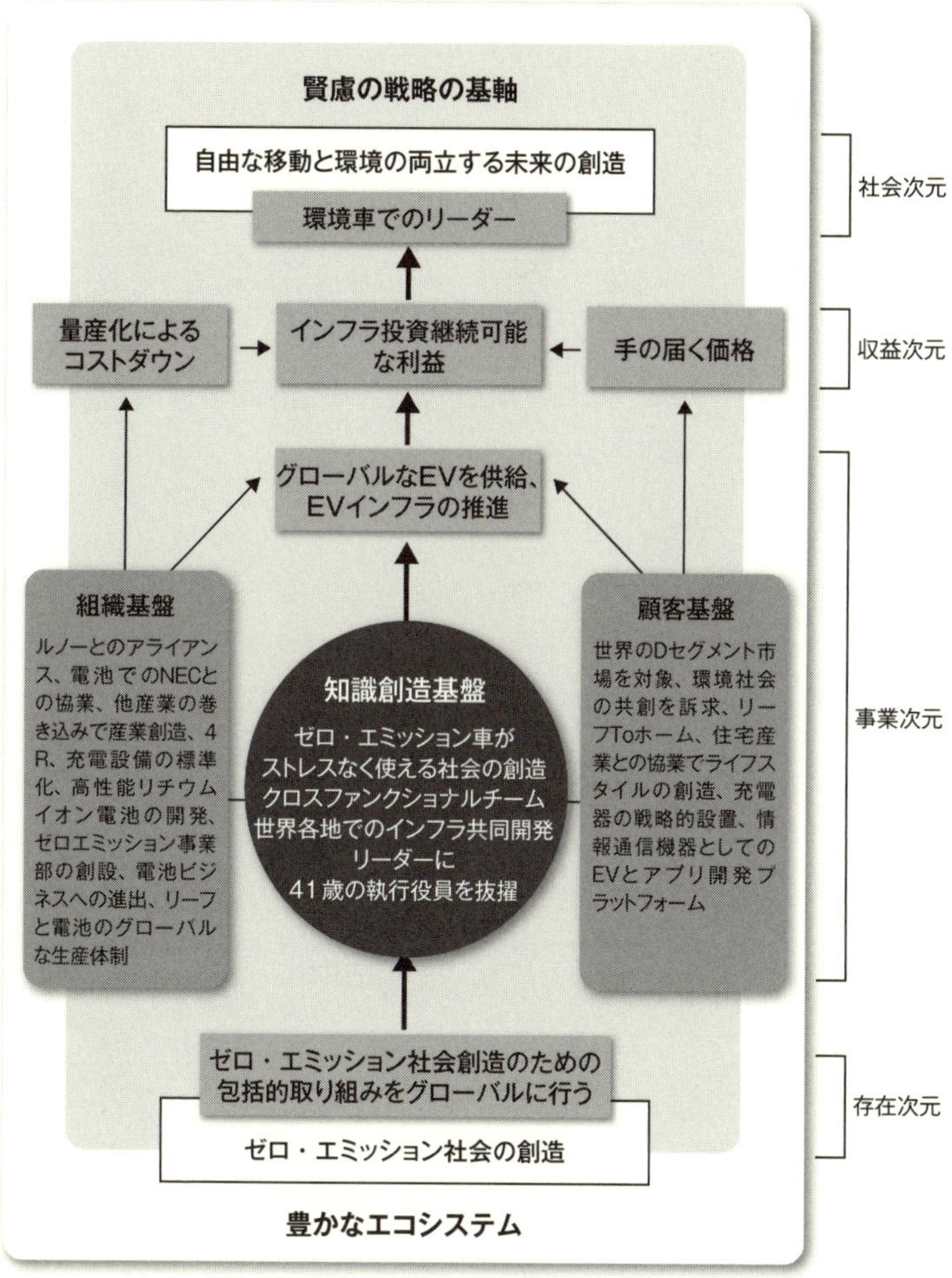
賢慮の戦略の基軸
自由な移動と環境の両立する未来の創造
環境車でのリーダー
社会次元
量産化によるコストダウン
インフラ投資継続可能な利益
手の届く価格
収益次元
グローバルなEVを供給、EVインフラの推進
組織基盤
ルノーとのアライアンス、電池でのNECとの協業、他産業の巻き込みで産業創造、4R、充電設備の標準化、高性能リチウムイオン電池の開発、ゼロエミッション事業部の創設、電池ビジネスへの進出、リーフと電池のグローバルな生産体制
知識創造基盤
ゼロ・エミッション車がストレスなく使える社会の創造
クロスファンクショナルチーム
世界各地でのインフラ共同開発
リーダーに
41歳の執行役員を抜擢
顧客基盤
世界のDセグメント市場を対象、環境社会の共創を訴求、リーフToホーム、住宅産業との協業でライフスタイルの創造、充電器の戦略的設置、情報通信機器としてのEVとアプリ開発プラットフォーム
事業次元
ゼロ・エミッション社会創造のための包括的取り組みをグローバルに行う
ゼロ・エミッション社会の創造
存在次元
豊かなエコシステム

思いを軸にしたビジネスモデルイノベーションの構想ができるのかどうか。実際、スティーブ・ジョブズは自分の思いをベースにアップルの再定義を果たしたし、ラタン・タタは自分の思いをベースにしてマイクロカーのナノ事業を立ち上げた。両者とも共通善に基づいて世界を変えたいという未来創造の志が原点だ。同様のことが本田宗一郎にも孫正義にも当てはまる。カルロス・ゴーンのゼロ・エミッション事業モデルもそうだ。

このようにMBBの思いを組織として突き詰め、経営として正当化できるということは、事業創生モデルを描くだけの骨太な思いがあるということなのである。

4 組織で思いを共有する

組織としての思いの共有とは、組織のビジョンや思いと個々人の思いのすり合わせ、およびその延長としての組織内での成員間での思いの共有だ。

しかし、共有は簡単ではない。組織と個人の思いがすれ違う場合や、思いのない上司や思いが持てない部下との意識合わせ、リーダーシップの弱い組織やダイバーシティの進む組織での共有化など、MBB運営上の課題もこの共有化のフェーズで主として浮上する。

○――重層的な対話の場づくり

思いは主観、暗黙知であるのでそもそも共有化するのは難しい。また形式知化してビジョンステートメントに書き表したとしてもその解釈は人によって違ってしまう。またせっかく息が合ったと思っても、人はどんどん成長するし、違った経験や他者からの影響で意見を変えるかもしれない。また入れ替わってもしまう。そうした中でも組織として思いを一つにしてビジョンを共有していかなくてはいけない。

それゆえ組織としての思いの共有は永遠のテーマであると同時に常に現在進行形だと思って、皆が積極的に参加するプロセスにしていくことが肝要だ。ビジョンを共有し実践で確かめあう努力そのものが企業活動だとも言えるのではないだろうか。ゆえに皆が思いを持ち共有しあうMBBとは経営そのものなのである。

したがってMBBでの思いの共有プロセスとは「対話による思いの共有」→「思いの仮説としての目標の設定」→「目標達成過程による思いの検証」というプロセス全体に他ならない。そしてこのプロセスはビジネスライクに言えば、経営計画とMBOプロセスそのものなのである。このビジネスプロセスにどれだけ思いを語り合う場がビルトインされているかが、組織として思いを共有できているかということになる。

この思いの対話の場面を目標設定前、目標設定時、日常の方策の実践過程、評価や振り返りの時などのあらゆる場面で、あらゆる階層やプロジェクトチーム内で持てるかだ。それが重層的な対話の場づくりだ。

そんな場では、まず、組織のビジョンや思いに関しての具体的な解釈を通じて、すり合わせを行っていくことが必要だ。それも上司―部下間だけでなく、部門間の同僚同士や、トップと一般社員の間のダイレクトトークも交えたい。このような重層的なタテヨコナナメの対話の場で納得を得ていく。

それでもすりあわせられない場合もあるだろう。自分の思いが組織から与えられた目標とは違う場合や、組織のビジョンに納得がいかない場合などは、さらにすり合わせが必要だ。そのときは、文句を言っても仕方がないので、自ら自分の目標を自分の思いに正直な形で描き、上司とギリギリまで対話することで、より自分に引き寄せられるように試みよう。

自分の今の職場がそもそも自分の思いを達成する場ではない場合は異動を申請するしかないが、その場合も会社はそういう異動によって本人が異動先で本当に活きるかを判断せざるをえない。そのため上司は、思いは違えどもどこまで今の仕事で頑張っているかを評価する。それゆえ今をしっかり生き抜くことが将来の思いを達成することになるという一般的教訓はＭＢＢの視点でも正当なものだと思われる。

組織には正社員以外や出向社員、専門性のみを買われた社員など多様な立ち位置の社員がいて、正社員以外は別に会社にコミットしているわけではなく、会社のビジョンを共有しなくてもいいと思っている節がある。

しかし、ＭＢＢ経営の視点では、思いを共有する「全員経営」が理想だ。今や経営はダイバーシティの時代であり、多様な知をどう寄せ集めてシナジーを起こすかで企業のパフォーマンスは決まる。そのときに多様な人々がバラバラなままでは暗黙知は共有できないし、その方向性はビジョンを共有できなければまとまらない。多様性を活かすためには凝集性（インクルージョン）が重要なのだ。

そういう意味では企業はダイバーシティの時代だからこそ、多様な社員の一人ひとりに声をかけ、対話の場に引き入れていかなければならない。現状ではどうも多様なメンバーを蚊帳の外に置いてはいないだろうか。重層的な対話の場をあらゆる社員の人たちに広げていく必要がある。

高齢化の進展に伴って、役職を離れたり、技術的について行けない高齢者が増えたり、抜擢人事や成果主義の影響で昇進の望みが断たれた人が増えている。リタイア間近の人も子会社への転籍がなく残っている場合もあり、そういう人の中には「別に今さら思いなんてない。思いなんか持って仕事をするのはもう終わったよ。会社が別に何かしてくれるわけではない」などと諦観している社員もおり、そういう部下を持つ若手の上司は困惑気味だ。

そういう場合もMBBではなんとか思いを持ってもらいたい、思いを共有してもらいたいと考える。なぜならば、そうしなければ成果主義発想の下での非即戦力の排除の論理はなくならないからだ。ましてや65歳までの雇用延長、さらには80歳まで寿命が延びる時代だ。どんな社員でも必ず発奮して自らを磨いてほしいし、そうできるはずだと信じたい。そのような思いを持って、どのような貢献をしてもらえるか。そこでは諦観に至るまでの間の対話の場を持ち続けることがカギになるだろう。徐々に排除されてしまうことで最後にはもう引き返せなくなってしまうからだ。

また昨今の利益至上主義の窮屈な時代の課題は、親会社と子会社の関係性だ。親会社の利益捻出のために子会社や取引先企業は無謀な要求に直面している、そんなケースが後を絶たない。要求する場合も説明もなく命令あるのみで議論の余地はない。親会社の好業績は皮肉になり、子会社のビジョンも当の社員には美辞麗句にしか映らなくなる。子会社トップは、その社員からは「親会社のいいなりではないか」と映り、信用をなくしかねない。ガバナンスの名目での管理強化、オーバーコンプライアンスもすべて現場の自立心や意欲の低下に結び付きがちだ。

親会社のトップはこのような事態を看過してはならない。本来であれば知を共創するはずの企業グループがすさむだけであり、言うべきことを言わずに問題を隠す風潮が生じるだろう。それでも数字上の必要性から無謀な要求を出さざるを得ない場合もあるかもしれないが、納得のいく経緯、将来像、ビジョンやバリューとのつながりはきちんと説明すべきだし、親会社と子会社双方ともトップ同士の個人的・人間的つながりだけは確保しておかないと、トップに対する不信はぬぐえないものとなるだろう。こうしたことも企業間での重層的な対話の場づくりなしにはありえない。

このように組織内での思いの共有は非常に重たい課題であるが、対話の場をプロフェッショナルとしてマネジメントする組織がないのが今の日本企業の問題なのである。MBB経営を推進することで、知識創造基盤をきっちりつくり、対話の場をマネジメントする部署を設けるべきであろう。

グーグルやシスコなど欧米先進企業では、MBB経営推進のためにチーフカルチャーオフィサー（CCO）などのポジションを作ったり、SNSを活用したりするなど、コーポレートカルチャーを強化し社員同士の対話を進める工夫を大いに凝らしている。日本は個人のレベルでの思いは強いものの、組織のレベルでの思いの共有をもっと強めていかねばならない。

現代版・徒弟制度

深い思いを組織として共有し伝授する場合、昔であれば先輩の一挙手一投足を間近に見ながら仕事や技を覚えてきた。先輩もとくに教えるというふうではないのだが、後輩の様子をそれとなくうかがいながら「おまえもやってみろ」という感じでチャンスを与えてくれた。ミスをしたときは、その状況に応じてときには厳しく叱られる。

コツを会得するまでには時間がかかる。褒められることもめったにないのでめげる場面も多い。弱音や文句は呑み込んで何年も我慢し、一生懸命仕事に励んでいるうちに熟練の技を身に付け、それとともに暗黙知としてあるべき生きざまや価値観も身につけ、一人前になっていった。その頃には今度は後輩の面倒を見る側に立っているのだ。

こうして高度な技や深い思いは伝授されていったのが伝統的な徒弟制度だ。

しかし現代のようにグローバルな視点で共通善を目指す仕事や組織のあり方を考えなければいけない時代には、伝統的な徒弟制度では枠組みが狭すぎる。伝統的な徒弟制度は属性や価値観が近いもの同士の間で、言わなくてもわかる阿吽の呼吸の関係性が成り立つから可能だった。かといって徒弟制度は思いを伝えるしくみとしては捨てがたいものがある。

そこでMBB経営では「現代版・徒弟制度」を提唱している。

現代版・徒弟制度は先輩（師匠・メンター）をグローバル・クロスファンクショナルに

複数設ける。さまざまな角度から後輩（弟子）の資質を考え、キャリアの設計やチャンスの設定を行い、導いていく。一子相伝的な伝統的徒弟制度と違って、複眼的に弟子を鍛える。

また研修も単に既存の知識を転写するのではなく、徒弟制度で交わされた議論や受け取ったメッセージを基に自分の内面を見つめ、何かに気づき、徒弟同士の間の信頼関係を築く、そういう場としての役割が重要度を増す。自分の真の悩み、確信が持てない思いや信念の萌芽を時間を忘れて話し合えるような場だ。メンターとのセッションを受けて、孤独の中で悩み抜いた思いをぶつけあえる場だ。仕事の課題や進め方ばかりでなく、仕事の意義は何かと哲学的に問い、仕事のスタンスは正しいかと論理的に突き詰め、仕事を通じた生き方を議論するような場でもある。それはうわべの情報交換や表層的な思いのだべりではなく、メンバー限定の濃密な議論の場なのだ。

集合実践知

第1章でも実践知の重要性を述べた。ビジョンや夢に向けて進む道は高揚感と充実感を伴うが、決して楽な歩みではない。最初から論理分析的に道筋が決まっているわけではない。ビジョンや夢に至る道は実践の中からしか生まれて来ない。熱い思いで障害を乗り越えて歩むしか、他に術がない。

ただし思いを持つ一人だけが実践知の蓄積・活用を図ればいいのではない。目指すべきは大きなビジョンや夢だ。組織の中のタテ・ヨコ・ナナメの対話を通して思いのネットワークを広げ、組織全体が自律分散的に自分の頭で考え、大きな志のために戦う集団にならなければならない。組織の中で「集合実践知」が形成されている状態だ。

集合実践知を育てる取り組みを見てみよう。富士通総研の事例だ。

富士通総研では、富士通グループが一丸となって組織的に現場主体の知識創造の循環を巻き起こそうと「実践知研究センター」を設置している。そしてグループ内の実践知を持ったリーダーを支援・育成する場としての活動を進めている。具体的にはグループ内から、高い志と強い思いを持った社員を募り、短期集中的な研修を行っている。この研修は与えられた課題をこなすのではない。通常業務の延長とは違う高い目標を設定し、徹底的に現場で実践的に取り組むプロセスそのものが研修の核となっている。

実践のプロセスを通じて、人の気持ちを察する人間理解と感謝の念に根差した人間力を養いながら、組織内に知の文化をつくっていく。一人二人と実践知の担い手が増えてくると集合実践知が組織の中に充満し、勝てる強靭な組織に変わっていくのだ。

第2章と第3章ではMBBの実践を個人と組織に分け、そのポイントと実践のための技術、仕掛けを解説してきた。ただし、個人や組織がいかに高い志や強い思いを持てたとし

図表3-8　富士通総研の実践知研修の例

1．理論編

〈哲学〉

共通善に立ち返るために、真善美を究め、「善」を見極める直観力を鍛える。古代、近代、西洋、東洋の代表的な哲学者の理論について学ぶ。

〈イノベーションの理論と作法〉

知識創造理論を体系的に学び、持続的な知識創造に必要な本質が何であるかを学ぶ。

〈ビジネスモデル構築〉

技術革新だけではなく、知をいかに利益の流れに変換するかのビジネスモデルをデザインし、新たな価値を生み出していくかを身につける。

〈リーダーシップ〉

実践知リーダーが人を巻き込み多様な関係性を構築し、政治力を駆使して自己の思いを実現するリーダーシップ（合意形成能力）を習得する。

2．対話編

〈実践知リーダーとの対話〉

社外の一流のイノベーターを多数、講師として招き、イノベーターの思いや物語を共有する。少人数の車座での講師との対話や、小グループでのインテンシブなディスカッションを繰り返し、他人事ではない「自分事」として実践知リーダーが如何に行動しノベーターシップを獲得していくかを疑似体験する。また、机上の空論ではなく、思いを自らの言葉で「物語」として語ることで共感を生む戦略やビジネスモデルのあり方を体験させる。

3．実践編

〈集中的なワイガヤ（グループディスカッション）の実施〉

他者と全人的に向き合い、現実のただ中で、様々な関係性の中から価値を見出していくための「場」を自ら設定し、マネジメントしていく訓練を短期集中的に行う。

〈非連続を連続にする様々な人間関係の構築〉

研修生一人を複数のメンターがサポートする「現代版・徒弟制度」によって、課題に応じたアドバイスと社内・社外の人脈の紹介を行い、多層で多様な知のネットワークを構成する。アドバイスをする人材も富士通グループ全体から多数集め、実践知研究センターが、通常の組織の壁に囚われずに様々な知識資産が交流できる「知の結節点」または「バウンダリー・オブジェクト（境界を越える存在）」としての機能を担う。

〈新たなビジネスモデルの実践〉

築き上げた新しい関係性の中から富士通グループのビジネスモデルを設計し、「モノ」だけでなく「コト」から価値を生む、新たな事業構築を実践させる。研修期間は短期だが、上述したように研修のテーマは研修生自身が持ち込んだものなので、研修生は学んだことを生かしながら研修後も自分の職場で実践知リーダーとして行動していくことが要求されている。

ても、企業にそれを支え、応援する意識としくみがなければ打ち上げ花火のごとく闇夜に花開いておしまいとなりかねない。

それでは企業が第一に手を打つべきことは何か。間違いなく人事であろう。経営者が高邁な理想を口にしても、部署のみんなが思いを高らかに謳い上げても、相変わらず成果主義をベースにした人事が横行していれば、組織には裏切られた思いしか残らない。あるいは白けたムードだけが残るかもしれない。

人事の評価やしくみがMBBに沿ったものに変わっていかなければならない。思いを育み実践していくことに人事としての価値を置き、積極的に評価していく態度が欠かせない。MBBベースの人事の考え方と具体的な制度とはどう設計すればいいのか。そして現行の人事の考え方や制度からどのように転換していくべきなのか。そしてこのことは単に人事部に任せておけばいいのではない。人事制度は会社の基盤であり社員全員の自分たちのルールだからだ。第4章ではこれらを中心に述べていこう。

第4章

ＭＢＢを促進する人材マネジメント

1 ＭＢＢによるトータル人事システムのあり方

ＭＢＢベースで仕事を捉えると、毎日の仕事は単にこなせば足りるといったものではないことがわかる。実践、あるいは学習によって自分の成長が感じられ、それを通じて思いを高質化していくプロセスが仕事の中にも織り込まれていなければならない。したがってそれを支える人事のシステムもＭＢＢベースの人材マネジメントに変わる。

そのためにはは単に成果を上げれば報酬をもらえる、決まった役割がこなせるようになれば昇進するといった、予定調和観と性悪説・外因的なモチベーションをベースにした現行の人事制度からは決別しなくてはいけない。自分の思いを育み、表出化し、正当化・実践し、皆と共有しさらに大きなものにしていくという一連のプロセスをサポートするものでなくてはならない。

そして、それは評価を目当てに思いを育む類いの錯倒したものであってはならない。自分自身の思いとして、その組織の中で最高のパフォーマンスをしたい、夢に近づきたいという内因的なモチベーションを掻き立て支援することが人事の根底の考え方になくてはならない。一番重要なことは社員の成長を支え、思いを高質化するプロセスへのサポートなのである。

ＭＢＢをベースにしたトータル人事システムにおいては、したがって、従来型の成果主義とＭＢＯをベースにしたトップダウン型の目標設定、結果重視・個人帰結型の評価・報酬制度、即戦力の採用、職務遂行能力・専門能力偏重の人材育成、能力のつまみ食い的なキャリア形成、労働負荷軽減のための福利厚生など、人を企業成果捻出のツールとして利用する発想での制度構築は再検討せざるを得ない。

○——最重要視すべきは思いを育むサイクル

ＭＢＢベースのトータル人事システムにおいては、個々人が自分の思いを育むことが目標設定のスタートになるべきという認識のもとに、思いを育むサイクルを最重要視する。そこからボトムアップ型で目標を生み出し、その実践の過程での学習・成長を性善説的に評価・処遇していく。育成も未来創造能力の観点から、現代版・徒弟制のもとでグローバルな活躍の機会を組み込んだ経験・気づき重視のものになる。キャリアはＳＥＣＩキャリアモデルによる知的カルチャー形成の一環として検討される。福利厚生も社員の思いの形成の視点で提供すべきと考える。このようにＭＢＢの人事制度は現行制度から大きく転換していくことになる。

もう一つ重要な発想の転換がある。それは全体の制度設計もさることながら、制度は

図表4-1　外因的モチベーションと内因的モチベーション

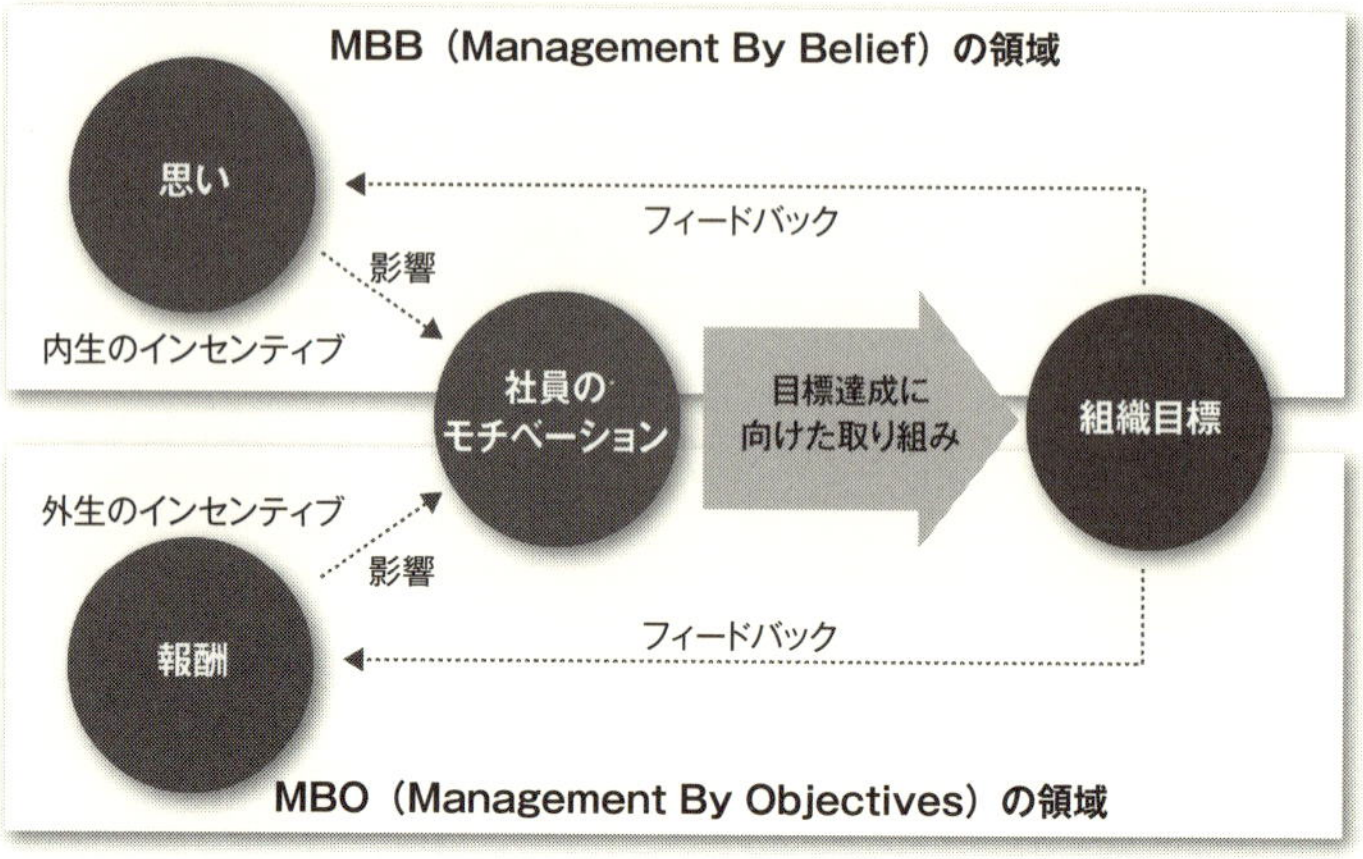

しょせん、一般化・硬直化を促し、個別の思いを捨象する方向で働く。しかし思いは人に着いたものであるゆえ千差万別であり、個人の内面が内因的モチベーションには重要であるため、人事の基本的な考え方として「個々の社員の思いに向き合う真摯な姿勢」、いわゆる個別人事の徹底が必要になってくる。これは今の人事において残念ながらますます遠くなっている側面ではなかろうか。

○──思いを育むMBBカルチャー

現在では人事の役割として最も重視されがちなのが、社員の評価・報酬制度だが、MBBではそれよりも重要なことは、社員が思いを育むチャンスを仕事の中で自然にできるようにする労働のあり方の設計だ。個人や組織の知が行き交う場を作り出し、思いを高質化するための刺激やツールを用意する必要がある。

ただしMBBが重要であると気づいていながらも、すっかり馴染んでしまったMBOの枠からどうはずれたらいいかがわからない企業も多いのが実態だ。

MBBの先進企業に倣ってみたらいいだろう。あえて就業時間の一部を担当業務以外の（MBBのための）時間に当てるルールを設けてみるのだ。有名なところではグーグルの「20％ルール」がある。グーグルでは、仕事時間の20％は自分の好きなプロジェクトに当てていいと社内で取り決めている。また「ヒューマンヘルスケア」を理念とするエーザイは「1％ルール」を設けている。これは、エーザイの社員は病気になった人の、言葉にならない思いを感じ取ることが重要であるという考え方から、就業時間の1％を患者と共に過ごすように推奨するルールである。

企業の側がMBB推進のための時間枠を取っている。そのこと自体が会社の強いメッセージとなり、社員は自分の思いに沿った活動が担保される。社員に安心感を与えると同時に、企業の向かう方向性を伝えているのだ。

MBOの縛りから逃れるために、このようなMBB時間をサンクチュアリとして設けるやり方は一考以上の余地があるだろう。

このような自由な時間を使って、業務上での気づきを思いに高めたり、シャドーワーク

図表4-2　MBOとMBBをバランスさせる人事構造

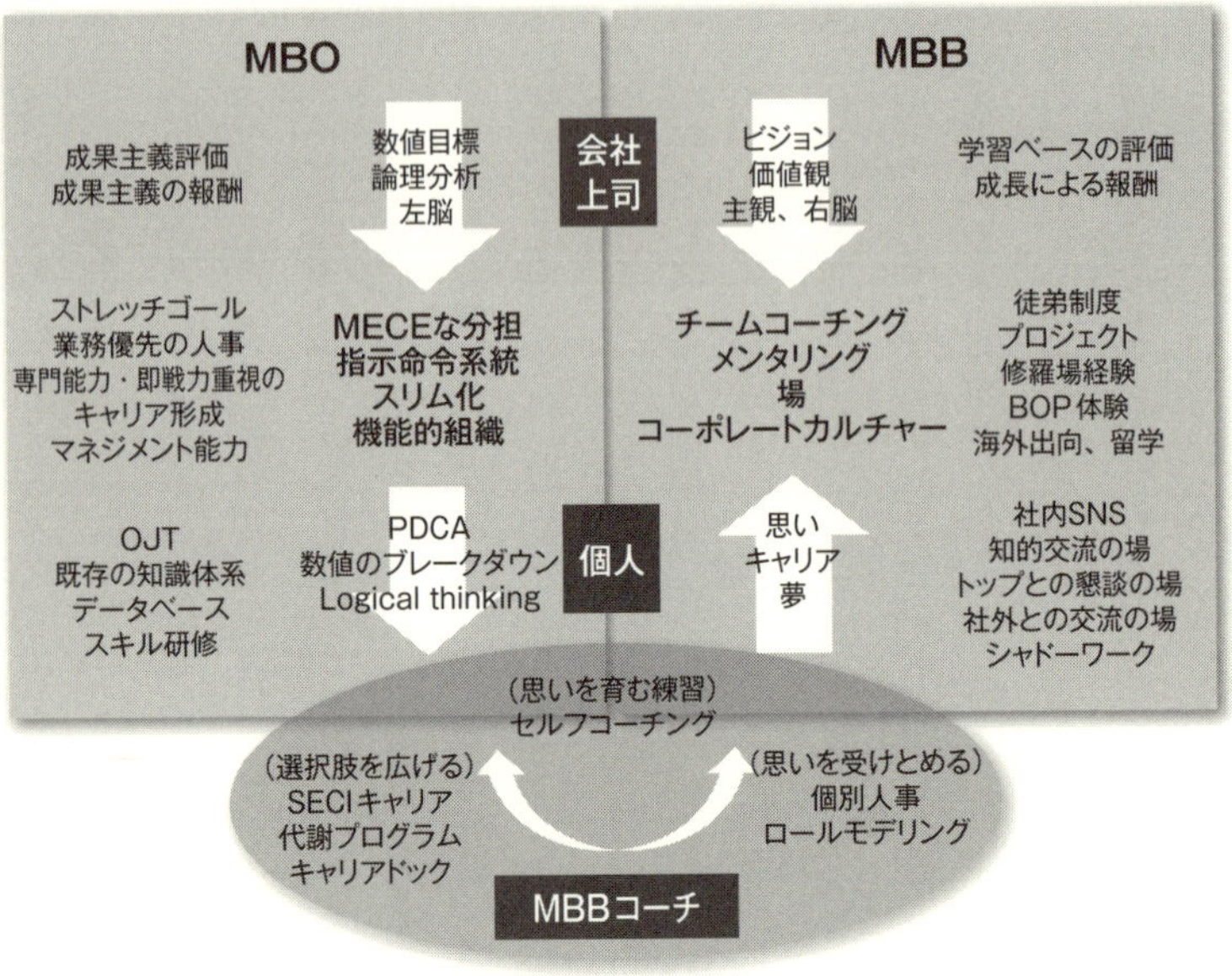

を行って思いを確認したりできる。成果主義と効率至上のタイムマネジメントを徹底し、空いた時間はワークライフバランスでオフの時間にするような現在の人事発想では豊かな思いや暗黙知は生み出せない。短期の企業競争の現実からは逃れられない企業として、欺瞞に陥ることなく、組織の冗長性を復活させ、知的探求の時間を確保できるMBBカルチャーの創造へむけて、堂々と舵を切らなくてはならない。それでこそ、個人の志をベースにした「よい目標」がボトムアップで創発されてくるはずだ。

2 目標設定をＭＢＢ型へ移行するステップ

ＭＢＢであっても企業として成果を出し続ける以上、一人ひとりが目標を持たねばならない。しかしそれは成果主義のように上から与えられるものだけではなく、またむしろ自分から上位目標や企業ビジョンを鑑みて、周囲や他部署そして上司とともにボトムアップで主体的に作り提案していくべきものとなる。また共通善や持続的成長、エコシステムといった賢慮に根差した視点での「よい目標」でなくてはならない。「上司から言われたから、疑問な点も多いが、仕方なくやる」というような目標ではない。

そのような目標を自ら設定し、上司と合意して進めていく。上司はそれを真摯に受け止め、自分の部署の目標とすり合わせることで、合意していくステップを踏む必要がある。

このようなＭＢＢ型の目標設定へ移行する場合、現行のＭＢＯのしくみを全面改訂するのが唐突すぎる場合は、移行措置として次のような二つのやり方が考えられよう。

一つは従来どおりＭＢＯ中心でやっていくが、裏に思いを入れ込んでいく方法だ。もう一つはＭＢＢとＭＢＯを並列に置き、動かしていくやり方である。

MBO目標に思いを書き込む

まずMBO中心の目標設定だ。MBBを全面的に謳わなくても思いを込めるファーストステップになるやり方だ。

具体的には「今期の重要目標・課題」の欄に売上目標やコスト削減などの数値目標だけでなく、「なぜ自分はそれをするべきだと考えて取り組むのか」「それをすることによってどのように誰に貢献したいのか」「自分の大きな思いに対してどう関係しているのか」といったMBB目線で「思い」を書き込む。MBO目標に「思いの裏打ち」をつけるというわけだ。たとえ与えられた目標ではあっても、これにより自分なりの解釈、取り組み姿勢をつくり込んでいくことができる。

MBB要素を入れ込んで構成したのが180〜181ページの「MBB&MBOシートの例①」だ。今使っているMBOシートを元につくれるので、ハードルはそれほど高くないだろう。上司はMBOの目標と方策についてはSMART基準の観点で確認し、思いについてはBELIEF基準で対話をし、本人の思いを引き出すことができる

MBB目標とMBO目標を並行して設定する

次にMBB目標とMBO目標の両方を併記し、どちらも並行して取り組んでいく方式だ。

会社の経営方針や部門の計画から降りてくる目標は個人のＭＢＯ目標として受け止めるが、同時に個人には自分なりの思いをベースに個人として取り組んでいきたい目標を別建てで描いてもらう。そちらを「ＭＢＢチャレンジ目標」という形で自分の意思として遂行してもらうわけだ。

個人はMUSTのＭＢＯとはいったん切り離して自分なりのＭＢＢ目標を立てられるところが利点である。会社としてはＭＢＢ目標も大事に考えているというメッセージを伝えることができる。

会社のＭＢＯ目標を80％、自分のＭＢＢ目標をシャドーワークとして20％の時間を使って行えるようにするなどの時間配分ルールや、ＭＢＢ目標遂行のための予算配分もルール化する必要がある。この場合も先ほどと同様、ＳＭＡＲＴとＢＥＬＩＥＦの基準を使って上司と部下の間で目標や思いのすり合わせをしていくことが重要だ。これは１８２〜１８３ページの「ＭＢＢ＆ＭＢＯシートの例②」となる。

ただし、第2章で述べたように本来、仕事の目標とは個人の思いや夢をベースにしなければ企業家精神が発揮されない。時代が求めているイノベーションを起こすようなレベルにはなりえない。サラリーマンの「こなし仕事」に堕してしまう。ＭＢＯ目標とＭＢＢ目標を並列させる方法で徐々にＭＢＢに慣れたところで、いずれＭＢＯ目標はＭＢＢ目標に取り込まれ、ワークスタンスイノベーションが起きていくだろう。

できるものはなるべく具体的に数値化する）			上司
方策 （目標達成に向けての 具体的行動・手段・スケジュール等）	難易度	思い※1 の強さ	部下の思いへの 共感度 （一言コメント）
	H M L	S A B C D	そのとおり！
	H M L	S A B C D	なんとか 建て直そう
	H M L	S A B C D	私の ネットワークを フルに使って ほしい

※1
- S　なんとしても成し遂げたい
- A　とても強い
- B　まあまあ強い
- C　あまり強いとは言えない
- D　正直いって仕方なく……

図表4-3　**MBB&MBOシートの例①**

1．MBO目標

今期の重点目標・課題（客観的な測定ができるよう定量化	
目標&思い （到達数値またはレベル・状態を明確に）	
目標①	労務費削減1000億円の達成
	思い：収益目標達成には不可避だが、社内のこれまでのいい雰囲気を壊さないように細心の配慮はしていきたい
目標②	MBOシステムを改善し、より士気の上がるしくみを11年度から導入する
	思い：上司と部下できちんと思いを共有できるしみじみとする対話が行える場として、MBOを再構築し、日本中に発信したい
目標③	労務費削減分の一定割合を教育研修費に回して 社外との交流を活発化させる仕掛けを導入
	思い：下がりがちな社員の目線を80年代のようなイキイキとしたレベルになんとかして引き上げたい

できるものはなるべく具体的に数値化する）	
方策 （目標達成に向けての 具体的行動・手段・スケジュール等）	難易度
	H M L
	H M L
	H M L

上司から アドバイスと メッセージ

〈具体的方策〉

上司からの 共感度コメント

図表4-4　**MBB&MBOシートの例②**

1．MBO目標

今期の重点目標・課題（客観的な測定ができるよう定量化	
業務目標 （到達数値またはレベル・状態を明確に）	
目標①	労務費削減 1000 億円の達成
目標②	MBO システムを改善し、より士気の上がるしくみを 11 年度から導入する
目標③	労務費削減分の一定割合を教育研修費に回して 社外との交流を活発化させる仕掛けを導入

2．MBBチャレンジ目標

〈MBB チャレンジ目標〉	〈思い〉
日本の新しい人事制度の確立を目指して、多摩大学大学院と共同で MBB の人事制度のあり方を研究し、今期中に発表する	新しい時代を迎えて、組織と人の成長を両立させる人事制度が不可欠だ。わが社が率先して MBB の考え方を具体化して実践することで、イノベーションの土俵を作りたい

コース・等級		役職名	
		コード・氏名	

ものなど）
書いてください）。

思いの強さ ※1	上司の共感度 ※2
	＼(^O^)／
	(^o^)
	(ーー;)

【期末自己評価】

達成度 ※3（取り組みを通じた学びや気づき）	

※2　顔絵や顔文字で表現
＼(^O^)／
(^o^)
(ーー;)
(T_T)/~~~

※3
S　目標以外にも得るものがある
A　目標を完全に達成できた
B　目標をほぼ達成できた（80%程度）
C　目標を下回った（60%程度）
D　何もしなかった

3. 上記目標を達成できた状態のイメージ
（→上記1をクリアしたときに、自分自身や周囲がどうなっているかを書いてください）

・わたし自身への影響
・周囲（会社や組織、職場、取引先など）への影響

図表4-5　**MBB&MBOシートの例（小田急エンジニアリングの事例）**

コミュニケーションシート

所属	

1．今年度重点的に取り組むわたしの目標（行動目標、業務目標、能力開発に関する
（→仕事に関するあなた自身の将来ビジョンに照らして、今年取り組みたいことを

テーマ（自身の言葉で、しみじみと）	具体的行動計画ならびに達成水準（何を、どのように、いつまで、どの程度まで）
1	
2	
3	

※1
S　なんとしても成し遂げたい
A　とても強い
B　まあまあ強い
C　あまり強いとは言えない
D　正直いって仕方なく……

2．上記目標を達成するために必要なこと
（→上記1に取り組むにあたって必要とされることを、自分自身や周囲に問いかけてください）

・わたし自身に必要なこと
・周囲（会社や組織、職場、取引先など）に対しての要望

このような取り組みを始めている企業の例として小田急エンジニアリングがある。同社ではMBBを正面から受け止め、目標管理シートを184〜185ページの図表4-5のように改訂するとともに、「ストーブミーティング」という形で上司―部下の思いを「焚き火を囲むような雰囲気」の中で語り合いすり合わせを行うしくみを実施している。

3 評価はどうするべきか

評価基準とは企業からの社員への究極のメッセージである。それゆえ評価には組織の価値観を根底から変える力がある。MBBを本気で進めていこうと思えば、評価に手を付けないわけにはいかない。

○―MBO評価がはらむ三つの問題

MBBでの評価は、結果やコンピテンシー、プロセスの評価ではない。これらは自分の行動に責任を持ってきちんと役割を果たしたかどうかを見るものであり、必要なことであろうが、現行のＭＢＯ評価は基本的には三つの問題をはらんでいる。

一つには評価の公平性が保ちにくい。優しい目標を掲げればいい評価がでやすいし、かといってバランスをとろうとしても目標の難易度をあらかじめ全社的に調整するのは不可能だ。

二つ目には、目標を追いかける一年の間に状況は目まぐるしく変わり、設定した当時と評価を下す時とで前提条件ややる内容が変わってしまう。また絶対評価か相対評価かという根本的問題もあり、結果として曖昧な説明のどんぶりの評価にならざるを得ない。

そして三つ目として、測定可能な数値目標に（実際のところ不向きな目標まで）無理に落とし込むだけでなく、その数値を毎年際限なく伸ばさざるを得なくなり、それに追われて本質的に重要なことを検討しないまま突き進んでしまう。ブレークスルーよりも力技が横行し、目標以外の重要なことを避ける傾向に拍車をかけてしまう。

これらは以前から指摘されていることであるが一向に直らず、制度の小改善で何とか不満が出ないようにお茶を濁しているが、成果主義が始まって以来、そもそも日本企業の業績は良くなったのだろうか。

グローバル化に乗り遅れたままなのではないか？　受験競争に明け暮れていても、大学生の頭が一向に良くなっていないのと同じではないか。

○——目標の質を問う「成長評価」

ＭＢＢでは、目標の質を問題にする。高質な目標、事業創生モデルに資するような目標、大いなる志のある目標でなければ、評価する意味もないのではないだろうか。

それゆえ、結果責任を問う今の評価は、完全になくすことは非現実的であっても、その面倒見に血道を上げるのは本末転倒だ。むしろ、高質な目標の設定とそこへ向けての努力に対しての評価をきちんとすべきであろう。これをＭＢＢでは「成長評価」と呼んでいる。すなわち、評価期間を通じて、本人は思いをどう育て、目標を高め、より高い志を持って業務に取り組んだのかを評価する。

その場合は1年（半年）の評価期間を通じて、思いを高質化してきたプロセスを評価するわけだ。思いを達成するためにどういう学習をし、どういうことに気がついたか、そしてどんな成長を遂げたのかを棚卸し、上司と一緒に検証してみる。単なる知識やスキルを身につけただけではなく、1年でこんな人と出会い、こんな学習をして、こうなった。こういう点を業務に織り込んで、こういう結果につなげた。このような人間としての成長、実践知的成長を上司と話し、評価していく。

学習によってこのように成長し、実績を残したと誇りを持って言える点を評価するのだ。上司と部下の間でＭＢＢ評価の納得感が共有でき、部門としてもそれを後押しする雰囲気

図表4-6　成長評価と加算点の計算方法（例）

■MBBの成長評価の視点：MBBの四つのフェーズに従って、下記をMBB評価では確認する

▪思いを育む
- ・顧客への思い、全社視点での会社への思い、問題意識
- ・商品やサービスへの深い思い入れ
- ・勉強会やシャドーワークの実績
- ・新しく出会った人物から学んだこと
- ・書評ライティングの実績
- ・地域、国、地球などの直接仕事と関係しない課題に関する問題意識や共通善への取り組み

▪思いを表出化する
- ・思いを自分の言葉で表しているか
- ・メッセージ性のある表現ができているか
- ・コンセプト、キーワードとしてまとめているか
- ・文献や事例などを基に具体的に説明できるか

▪思いを正当化し実践する
- ・自分の思いを具体化するために業務への落とし込みができているか
- ・ロジカルでMECEな課題整理ができているか
- ・現実的な課題にして一歩を踏み出しているか
- ・現実のしがらみへの洞察がすぐれ、対策を考えているか

▪思いを共有する
- ・部下や周囲、上司と話し、意見交換をして高めあったか
- ・社外の人とどのような話をしてきたか
- ・周囲の人に自分の思いに共感してくれている人が増えたか

■加算点

▪上記の各項目を本人との話し合いや1年間の行動・対話を通じた観察の結果をもとにして、5段階で評価し、MBBシート上で加算点を付与する。

ができてくれれば、ＭＢＯ評価６割、ＭＢＢ評価４割と一定の評価割合を持たせることが可能だ。

もちろん、当初はいきなりそこまでの上司の目利き力はないかもしれないので、ＭＢＢベースの成長評価をフルに導入するのではなく、いくばくかの加算点の扱いにするのでもいいだろう。もしＭＢＯ目標しかなければその目標の達成度合いによって評価が定まる。しかしＭＢＢの思いの裏打ちやＭＢＢチャレンジ目標が存在すれば、その達成度合いと成長評価のための対話を通じてつかんだ上司の実感値に応じて「チャレンジプラス」として加算するわけだ。

もとより評価は客観的に判断するのが難しい。数値中心にしたり、３６０度評価を採用したとしても誰もが満足する評価になる担保にはならない。ＭＢＢ評価は、思いというぶれの大きい要素を採用するのだからなおさらだ。しかし一歩踏み出してみなければ何も変わらないだろう。ＭＢＢは実践知を重要視するマネジメントスタイルだ。ＭＢＢ評価も実践知を積み重ねながら、そのプロセスで上司の目利き力と部下の志を高めていくことで、共通感覚（common sense）として作り上げていくことが重要だ。

4　MBB型の等級と処遇

一般的な処遇制度は月次給与と賞与に分け、組織での役割や職責、仕事の難しさを給与で反映させ、MBO目標の達成度合いは賞与に反映させる方法が採られている場合が多いだろう。そこにMBB評価の結果をどう組み入れるかである。

恐らく現時点でMBO目標を全廃し、成長評価だけで処遇を決めるのは現実的ではないだろう。そうであればMBOの成果は今までどおり賞与で処遇していけばいい。MBBの成果は給与ベースに反映させることが現実的な解になる。

現在の給与ベースは人事の等級制度にしたがっているだろう。たとえば役割給として1等級で15万円、2等級で20万円、3等級で30万円、そして課長に昇進したら45万円といった具合に決まっているはずだ。

MBBでの処遇の基本は、知的成長の促進とその反映なので、役割に対しての責任という意味での現行の賃金設定に、知的成長の要素を掛け合わせた賃金項目とテーブルが考えられる。知的成長部分にはSECIモデルを活用してMBBベースの処遇を付加するのである。

図表4-7　MBB人事等級・評価・報酬制度のフレームワーク

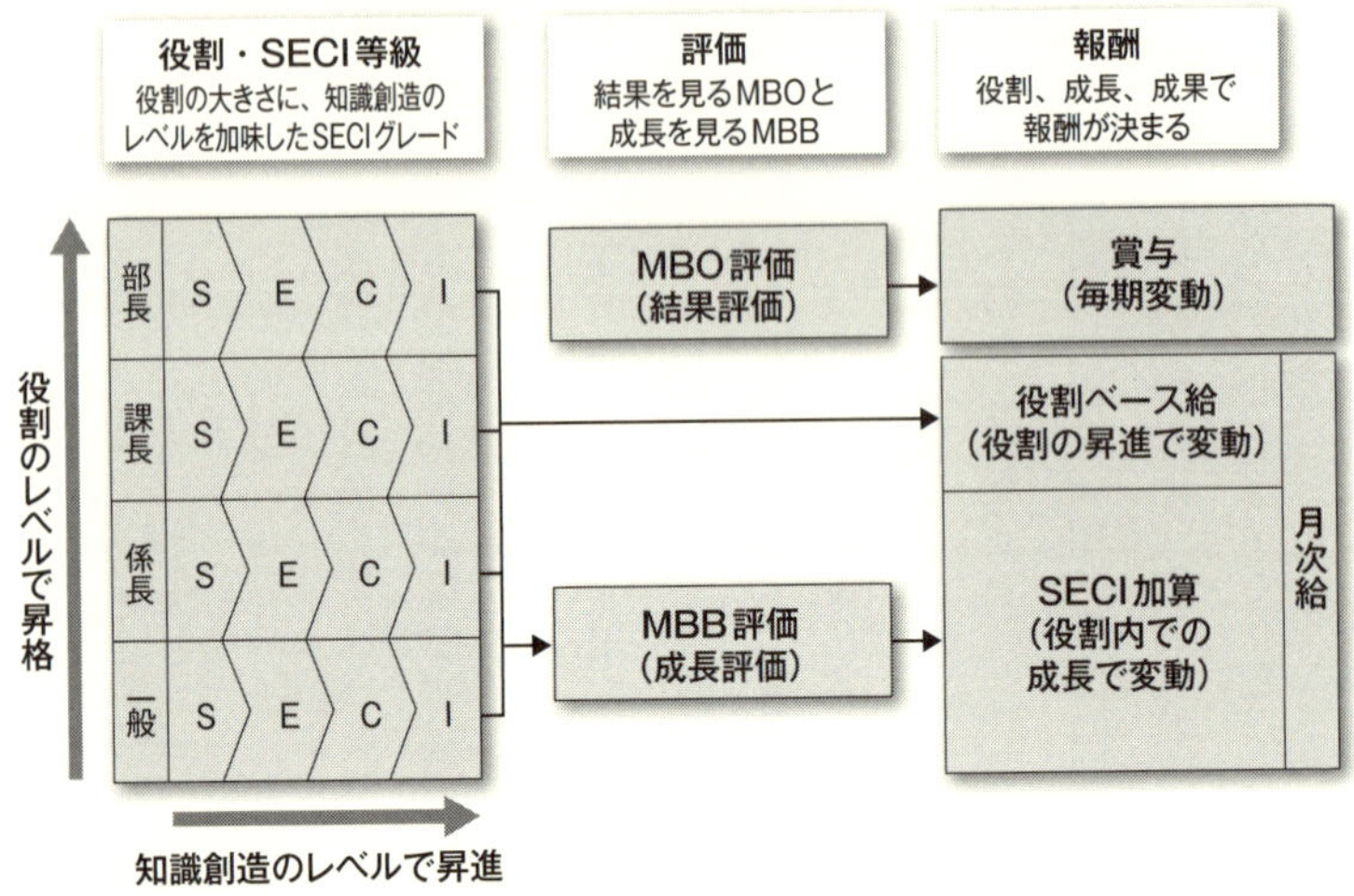

社員をMBB目線でよく見てみれば、同じ等級にあっても、その状態は一人ひとり異なる。

たとえば1級でも、暗黙知を吸収している段階の人もいれば、コンセプト化してほかの形式知と連結できている人もいる。

どの段階なのかによって、それを給与ベースに反映させるのだ。

つまりこんなイメージである。

・1級S（共同化）レベル…役割ベース給15万円＋SECI加算3万円＝18万円
・1級E（表出化）レベル…役割ベース給15万円＋SECI加算4万円＝19万円
・1級C（連結化）レベル…役割ベー

図表4-8　**各役割におけるSECI等級基準のイメージ**

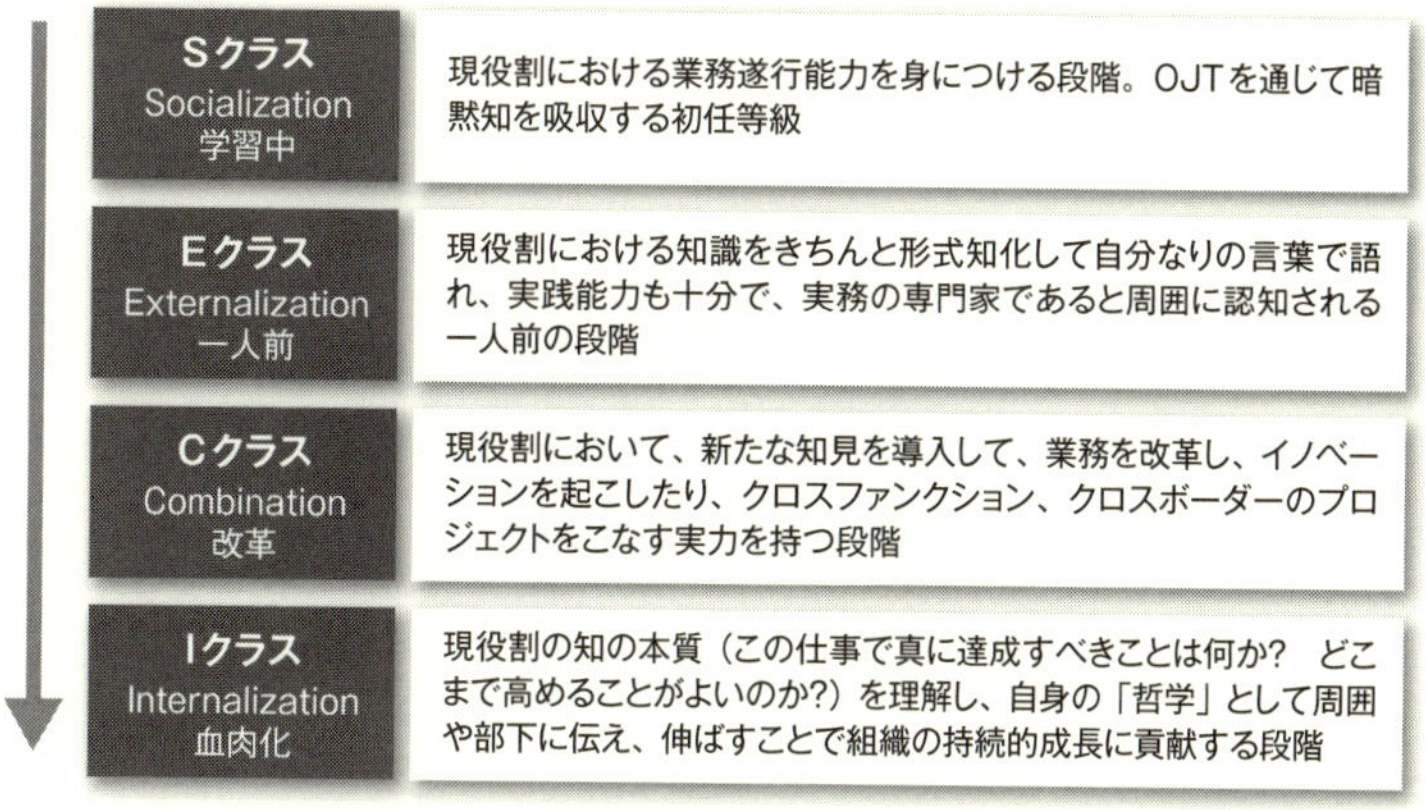

Sクラス Socialization 学習中	現役割における業務遂行能力を身につける段階。OJTを通じて暗黙知を吸収する初任等級
Eクラス Externalization 一人前	現役割における知識をきちんと形式知化して自分なりの言葉で語れ、実践能力も十分で、実務の専門家であると周囲に認知される一人前の段階
Cクラス Combination 改革	現役割において、新たな知見を導入して、業務を改革し、イノベーションを起こしたり、クロスファンクション、クロスボーダーのプロジェクトをこなす実力を持つ段階
Iクラス Internalization 血肉化	現役割の知の本質（この仕事で真に達成すべきことは何か？ どこまで高めることがよいのか？）を理解し、自身の「哲学」として周囲や部下に伝え、伸ばすことで組織の持続的成長に貢献する段階

ス給15万円＋SECI加算5万円＝20万円

・1級I（内面化）レベル…役割ベース給15万円＋SECI加算6万円＝21万円

1級であれば、もちろんその等級にふさわしい仕事ぶりでなければならない。

しかしMBBでは単に仕事がこなせていればいいのではない。成長感という尺度を採用し、どういう状態で仕事ができているかを見るのだ。

もちろん上司は部下の様子をこれまで以上によく観察しなければいけないし、双方向のコミュニケーションも一層大事になる。

SECIモデルで評価・処遇できれ

図表4-9　役割・SECI等級基準にもとづくMBB給のイメージ

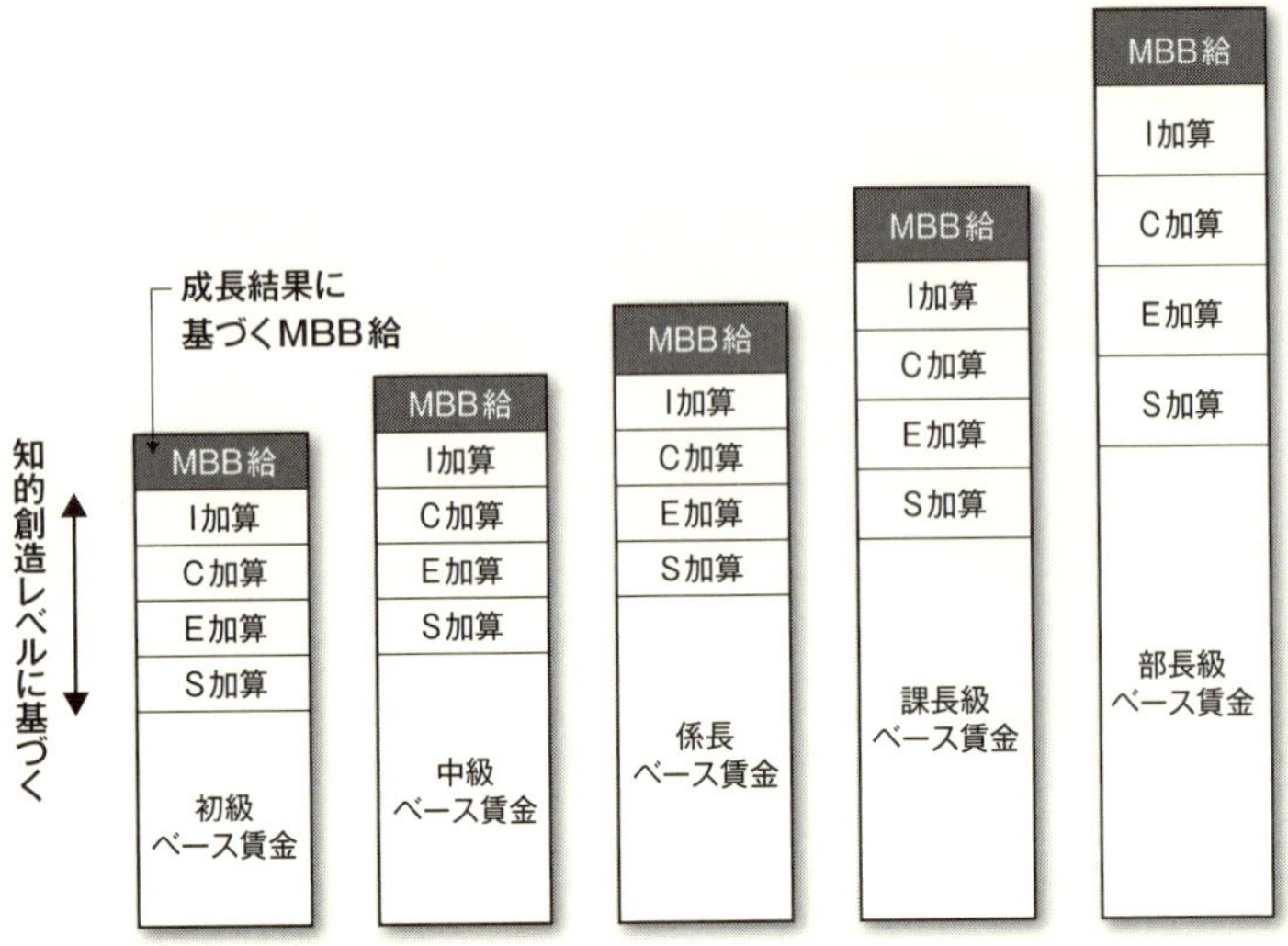

ば、役割だけでなく、どれだけ知を創造しているか、そのレベル感を反映することができる。

新しい給与ベースは、従来の「役割等級制度」から「役割・SECI等級制度」に変えていけるだろう。

5 MBB型のキャリアと能力開発

処遇制度が変わるとキャリアの捉え方や、能力開発の力点も変化する。成果主義の役割等級制度においては、その役割を果たせる業務知識や実務力が問われる。階層研修を軸にしながら誰がその役割になっても仕事をこなせる状態にするために横並びの能力開発になりがちだ。役割・SECI等級制度の下では、思いの高質化のための成長ベクトルを育てるための能力開発やキャリアがポイントになる。

MBBベースのキャリア形成は第2章で述べた「SECIキャリア」が基本になる。まず20代は「果敢な共同化による暗黙知の積極的な吸収と、知的基礎体力の獲得」、30代は「20代に蓄えた暗黙知の自分なりのコンセプト化による表出化と、社内各部署の知の連結化による価値化の実践」、40代は「社内外の知を縦横に統合・体系化し発信する連結化と、自己のイノベーションへの挑戦」、50代以降は「知の内面化による集大成・伝承と、産業構造の転換の仕掛け人としての飛翔」の時代であると捉える。能力開発もSECIキャリアに応じて次のように行っていく。

20代は頭が柔らかいので、通常のビジネス常識やグローバルな情報力に加えて、MBB

では特に、文章力（国語）や推論の力（算数）、そしてグローバル時代に必須の英語をこれからの長いキャリアを考えたときの基礎力として学習すべきとしている。

文章力と言っても電子メールやツイッターやブログではない。まとまった量の知的な文章を書く能力（修士論文のような）を磨き、徹底した分析的思考と的確でロジカルな表現、そして批判的思考を身につける必要がある。また表現力の中にはコンセプトや思いをうまく伝えるためのメッセージ力、レトリックなども重要になる。

またスピードの速い時代に情報に流されずに本質を考える基礎力が推論の力だ。限られた時間の中で的確な情報を採りその範囲で即座に考え判断を下すフェルミ推定的な推論の力だ。これはマクロ・ミクロの経済指標や経営指標の分析を通じた数値感覚や、物事の本質を見極めようとする「なぜ」を五回繰り返すような「癖」をつけることで確実に上がっていく。これをビジネス基礎体力として持つことで地頭を若いうちにつくっていかなくては、問題意識が育たず、暗黙知を効果的に吸収することができない。

30代は専門領域で腕を振るう一方、それに安住せず、あえて新しい環境に身を投じてみるのがポイントだ。またそれを自分なりのセオリーやフレームワークに落とし込んでいくことが重要だ。そのためにはたとえば海外プロジェクトや社員教育の仕事（教育企画や運営、トレーナー）は、自分を広げ、自分らしさを明確にする上で、またとない機会となるだろう。

海外勤務で異なる常識に接し、「まだまだ知らない自分」や「新しい世界」を発見できる。歴史や世界について学ぶことになり、自ずと一皮むけるだろう。生活文化の背後にある宗教や哲学を学べば、異文化に対する感受性が養われ、複眼思考を育てていく絶好の機会ともなる。20代で培ってきた基礎力と業務経験を基に自分なりの知見にまとめ、教養を加えて、自分なりの見識を構築することの重要性に気づかせる方向で育成する必要がある。40代に花開くための下準備とも言えよう。

また、教育担当の仕事を経験することも視野を広げるよいチャンスだ。この仕事は会社全体の方向性と現場のニーズを把握し、ありたい姿と現状のギャップを解消するために、社内外の知（人材）をどのように動員するかに心を砕く仕事だからだ。今までの視座よりも高い地点から物事を見ないと仕事が進まない。このような物事を広く、また違った視点で見る経験や訓練をすることで、コスモポリタン的な共感力も養われる。

40代は自分の知の体系を整理し、次代の発展・変化・革新につなげることが能力開発につながる。これまでの経験を自分の知見としてまとめ、社外で発表すれば多様なフィードバックと自信が得られる。そうやって今一度、目線とプレゼンスを高めておけば、人生の後半戦でより社会的存在になる下地ができる。他流試合で知見を磨くのも一案だ。たとえば社会人大学院のＭＢＡコースは多くの企業から意識の高い人たちが集まってくる。新しい知の創造のために大変役立つことだろう。

また将来のシナリオを自分なりに描き、社会の変化を踏まえたビジョンをつくって、自分なりの立ち位置を明確にすることも意図的にするべきだろう。そういう仮説がないと、知の体系化も進まないからだ。そしてそれが哲学を学ぶ動機にもなっていく。

50代以降は組織人の立場を活用し、新たな社会を創造していく世代だ。社会的問題についてブログや出版を通じて発信していく、慣例にとらわれず自社のマネジメントや組織のあり方を新しい時代、若い世代のために変えていく。また、自社内だけでなく大学や社外の講演などで自分の知や経験を語り継ぎ、よりよい社会を作るためのネットワークを築いていくこともできる。

そうした社会的目線での活動、社会への発信力を磨くことによって自分が社会から生かされ、育ててきた思いを次代に向けて、形式知化しつないでいくことが役割だろう。MBBの学びに備えている若い世代とともに新しい時代の知を世代を超えて共創することでもある。老後に悠々自適ということはないのではないか。

このようにSECIキャリアに能力開発を連動させることで、入社から退社まで（それ以降も）、思いの高質化を図るキャリア形成が可能となる。MBBのキャリア開発は長い。そして、早さより密度を重視する。

つまり育成の方針としては、「各キャリアステップでどれだけの学びを得たか」を問い、「決まったことの習得をどれだけ短期間で終えたか」という視点は用いない。早さと密度

図表4-10　**年代別の学習項目の例**

年代	学習すべきこと
20代	**ビジネス基礎体力** 知的でまとまった文章を書く力、メッセージ力、レトリック ロジカルシンキング、クリティカルシンキング、地頭力、フェルミ推定 専門能力
30代	**視野拡大と融合力** 業務の理論化、ノウハウの形式知化、フレームワーク活用力 全社の知、世界の知、歴史的視点 共感力、コスモポリタン発想、教養
40代	**独自の知の体系化** 大学院などでの学び直し 他流試合、プロジェクト経験 ビジョン作り、シナリオプランニング、イノベーション理論、哲学
50代以降	**社会への発信力** 価値観を磨く、時代を読む、未来への思いを明確化する 知恵の伝承や教育、社会や人をつなげる ブログや出版、講演、ボランティアなどを通じて発信する

は一見、同じように思われるかもしれないが、密度重視の育成とは、量よりも「深さ」を問うものである。そういう意味で、その人がどれだけ育ったかは、身につけた知識の量で測るのではなく、身につけた知の深さで測ることになる。

成長の見極めは、したがって、「哲学を語らせる」ことによってなされる。知識は詰め込んでいても底の浅い「おりこうさん」は、成長したと見なされないMBBのキャリア形成は、促成栽培や即戦力ではなく、遅咲きでもいい。生涯学習の視点で学び続ける姿勢こそが重要だ。

どれだけ早く一人前になれるかだけではなく、一生かけてどれだけの人物になれるかが問われる。したがって、人材育成も超長期で考える。80歳までのキャリアを考えたい。たとえば、業務用冷蔵装置で世界最大手の前川製作所では以前から定年制を設けていない。同社では50歳代までは「動」の時代として、数字を残すなどで忙殺されるが実践知を蓄える。しかし、60代からは「静」の時代として、知恵をつなげてイノベーションを起こす、社会の行く末を方向づける知恵に貢献するということが役割とされている。それだからこそ、50代前までに経験を積み学び思索し続ける必要がある。

こうして、SECIを意識して職業人生を送ることで、人材ではなく「人物」として成長し、自分として誇れる人生を振り返ることができるはずだ。それは単に会社で出世することではない。人々に良い影響を与え、良い関係を築き、世の中により多くの貢献をできたかどうかだ。チャーチルの言うように「人は得るもので生活を築き、与えるもので人生を築く」のだ。

6 MBB型の福利厚生

ＭＢＢがベースになると福利厚生の考え方、着眼点がまったく違ってくる。伝統的な福利厚生は社員の確保、仕事の疲れを癒す場の提供、生活の足し、そして社員の健康づくりを促進するなどの意味合いが強かった。

住宅手当や家賃補助などは給料だけでは不足しがちな生活費を補ってくれた。また年功序列で入社間もないころは低賃金の独身者には独身寮が用意されていた。社員食堂や食事手当といった類の福利厚生も給与以外のところで金銭面の支援となってきた。

さすがに最近はリストラで独身寮や家族用社宅といったハコモノはずいぶんと減らされてきたが、「美味しい」「ヘルシー」なメニューが世間でもてはやされる社員食堂があるように、依然、旧来型の福利厚生への期待は高いようだ。

また健康増進のための運動施設や保養施設のようなハコモノも廃止の傾向にある。その代わりフィットネスクラブなどと契約し、社員が福利厚生の一環で利用できるしくみを取っている企業が増えてきた。形を変えてはきているが、それでもこれは伝統的な福利厚生である。

図表4-11　**知識創造型の福利厚生の例**

▪ポイント
・思いを持ち、高質化し、遂げる支援
・心の豊かさを保ち、共通善を考える刺激を得られる支援
・世代を超えた交流、組織を超えた交流、ダイバーシティを促進する支援

▪具体例
・シャドーワーク促進のための時間配慮、シャドーワーク予算補助、社内サークル活動支援（10%ルールなどでシャドーワークの促進、新規事業コンテスト）
・読書、知の練磨（フューチャーセンターの設置、教養講座の開催）
・海外、社外の人や有識者とのつながり（ネットワーキングの場の提供、社外交流促進イベント）
・社員寮のオープン化や共住型社員寮の活用
・気づきや内省の機会（リフレクションスペースの設置、部門横断型SECI Dialogue Sessionの開催）
・ボランティア、ソーシャルビジネス参加への機会提供や紹介、時間配慮

ＭＢＢ的な福利厚生は「生活の足し」ではなく「知の足し」であることを目指さなければならない。たとえば映画や美術展、コンサートに出かけるための補助をするとか、タブレット端末で使える学習促進のアプリをオリジナルで開発するとか、社員が人間として成長できる機会やツールを提供していくのだ。従来の「健康増進」ではなく「ナレッジ増進」に変わっていくのである。もはや立派な社員寮も手厚い住宅補助も自慢にはならない。契約社員や高齢社員も含めた知のネットワークを充実させ、人々の思いの高質化や知識創造をどれだけ促せたかがポイントに変わる必要がある。

その意味では、社員寮も生活の足しから、知の交流の場と捉えることもできる。イヌイ倉庫は月島荘という「社員交流型単身

寮」というビジネスを開始している。複数の企業が単身者を住まわせる寮で、一社借り上げではない。そこでは多様な企業のメンバーが集い、知の交流が起こるような場の設計やイベントの企画が行われている。このような形ですでに福利厚生も、ＭＢＢ的な知の増進の時代に入っていることが見て取れる。

第２章、第３章、第４章ではＭＢＢを推進していくための技術、プロセス、人材マネジメントを語ってきた。ここまではリアルのコミュニケーション、対面のコミュニケーションを意識してきたが、今日私たちが生きる世界はバーチャルなネットワークの世界が加わっている。加わったどころか、ネットの世界は日に日に大きくなっている。

すると、どうか。今まではトップと新入社員の間に何層もの壁があって一対一で話す機会がなかっただろうに、ネットワークは階層の壁をいとも簡単に飛び越え、それを実現してしまう。誰とでもつながる可能性を生み出したのだ。社内だけではない。組織の内・外関係なく、志でつながる、思いでつながることがいとも簡単な世の中が出現しつつある。

第５章ではネットの世界でＭＢＢを展開するポイントを探り、筆者らも携わって開発したＭＢＢ用ＳＮＳサイトの紹介を通じて、リアルとバーチャルの往還作用によって思いのネットワークが組織中に満ちる可能性を語ろうと思う。

第5章

ソーシャル・リソース・マネジメント（SRM）

1 人事業務は社外とのつながり支援へと進化する

これまでの人事マネジメントはHuman Resource Management（ＨＲＭ）と言われるように社内の人材の調達・管理・活用を主たる業務として行ってきたが、知識創造の時代を迎えてその重点が大きく変わろうとしている。

一つには本書のテーマである、結果のみの重視から、結果を生み出すための思いの重視。そしてもう一つの変化が、社内志向・管理志向の人事から、外界志向・支援志向の人事への転換だ。いずれの変化も豊かな知を育む人事のあり方への転換だ。これまでの人事マネジメントは人事が個別人事を実質的に放棄した関係で、実際には職場単位、部門単位での人事の公平性を図ることに心血が注がれる一方、部門は専門分野における能力開発にのみ終始してしまう。これらの結果、人々は組織の中に埋没し、知のタコツボ化が進行。豊かな知を育むのとは逆行してしまったことを反省せざるをえない。

そこで、部門を超えて知をつなぐクロスファンクショナルな仕掛けやプロジェクトチームが組織の壁や人事の壁を乗り越える手段として注目されてきた。またＩＣＴの進展に伴って、組織や階層を超えて個人同士が直接つながってしまう動きが加速。ＳＮＳやフェイスブック、ツイッターが活用され、知の交流は社外へと広がり、創造性や生産性の向上に寄与するようになってきている。

タコツボに閉じ込められてきた知を外へと解放し、多くの人と知を共有したり、異質な知を交配させることが技術的に可能になったわけだ。そして個人化したつながりは正にMBBでいう個々人の思いの交流にもちょうど同期しているのである。官製の上意下達の乾いたコミュニケーションではなく、個人化した思いや暗黙知が既成の枠を飛び越えて自由にやり取りできるようになったのである。そしてこの流れは社内・外という区別をもはや意識しない方向に向かわざるをえない。「世界の知で創る」時代に連なっていく。

固定化したタコツボ型人材マネジメントを「HRM1・0」とすると、クロスファンクショナルや社内SNSを活用し、社内で自由に思いが語られ知が動き出す人材マネジメントが「HRM2・0」である。さらに知が社外に弾け、ICTを活用してバーチャルおよびリアルで外との知の交差点づくりを支援するダイナミックな人材マネジメントは、「HRM3・0」だ。

このHRM3・0の本質はもはや社内の人間の「面倒見」ではなく、社外とのつながりの支援である。それゆえHRM3・0とはすなわちソーシャル・リソース・マネジメント（Social Resource Management＝SRM）なのだ。MBBとはHRMからSRMへの転換のトリガーになる。

組織の壁を感じさせないかのように知が駆け巡る。こうなっては会社の中で知を抑え込んでおくわけにはいかない。社内に知を閉じ込めるような旧来型の人事マネジメントではまったく通用しなくなる。外の知と融合し、新しい創造を引き起こすためのマネジメントが新たに必要になってくる。時代はグローバル化を迎えて確実にこの方向に進んでいる。この章ではHRM1・0型の企業が、SRMに向けて変貌していく過程でまず通らねばならないHRM2・0の仕掛けである社内SNSを通じて、SRMへの地ならしを覗いてみよう。

2 MBBの推進に活用できるSNS

本音を引き出すSNS

MBBにおいては、思いを語り合い、思いを高質化あるいは共有化していくことが重要とはいえ、会って話すチャンスがなかなかできない人や職場も存在するだろう。それを補ってくれるのがＳＮＳである。従来は同じ職場にいれば同じ思いや志を持っている人と語ることはできても、職場や部門が異なると同じ思いを持っていても腹を割って話すことは叶わなかった。否、そんな人がいることさえ気がつかなかった。

ＩＴは登場以来、主として効率化、合理化のツールとして使われてきた。コストを削減する手法として活用され、ファイルやスケジュールの共有化で仕事の効率化が図られてきた。しかしＳＮＳの登場でＩＴは右脳を刺激するツールとなった。通常では出会う可能性のない個人と個人を結びつけ、共通のテーマや関心を軸に意見や知識を交換し合う場を提供できるからだ。

ベテラン世代にはパソコンではなく直接会ったほうが本音で話せるという人が多いかもしれない。だが、今の若手は対面するより、むしろＳＮＳのほうが身近だ。その点を活かし、普通の会話や情報交換から一歩踏みこんで、思いを育み、共有化するためにＩＴの力を借りるのは有効である。世界中で思いや志でつながることもＳＮＳのメリットであり、グローバルな時代のＭＢＢと非常に親和性の高いシステムだと言える。

次項からは、具体的にＭＢＢの推進に活用できるＳＮＳを紹介していこう。ガイアックスの企業向けＳＮＳサイト「ａｉｒｙ」をＭＢＢ用にカスタマイズしたしくみだ。クラウドで提供され、毎月のコストが数万円なので、比較的手軽に、しかもすぐに導入できるシステムである。

トップから「思い」を発信する

MBB版airyのSNSサイトは次の四つのパートで構成されている。

・トップからの「思い」の発信
・社員同士が語り合う「思い」のジャムセッション
・日々の行動とビジョンを振り返る「セルフコーチング」
・チームで振り返りをする語り場としての「チームコーチング」

まずはトップからの「思い」の発信だ。MBBでは、トップは組織に思いを投げかける発信源にならなくてはいけない。従来であればどこか会場を借りて一年に一度、社員の前で「経営方針」を発表する程度であっただろう。最近はそれに加えてeメールでメッセージを発信するトップもいる。しかしいずれの場合もトップから社員への一方通行である。ダイレクトな反応は返ってこないし、誰が読んでいるかさえわからない。双方向の対話を重ねて思いを育んでいくには役不足だ。

MBB版SNSはメッセージと動画を配信でき、コメントをもらうことができる。動画によってトップの表情が見えるので、よりメッセージが伝わりやすい。トップの思いが真

図表5-1　MBBのSNS

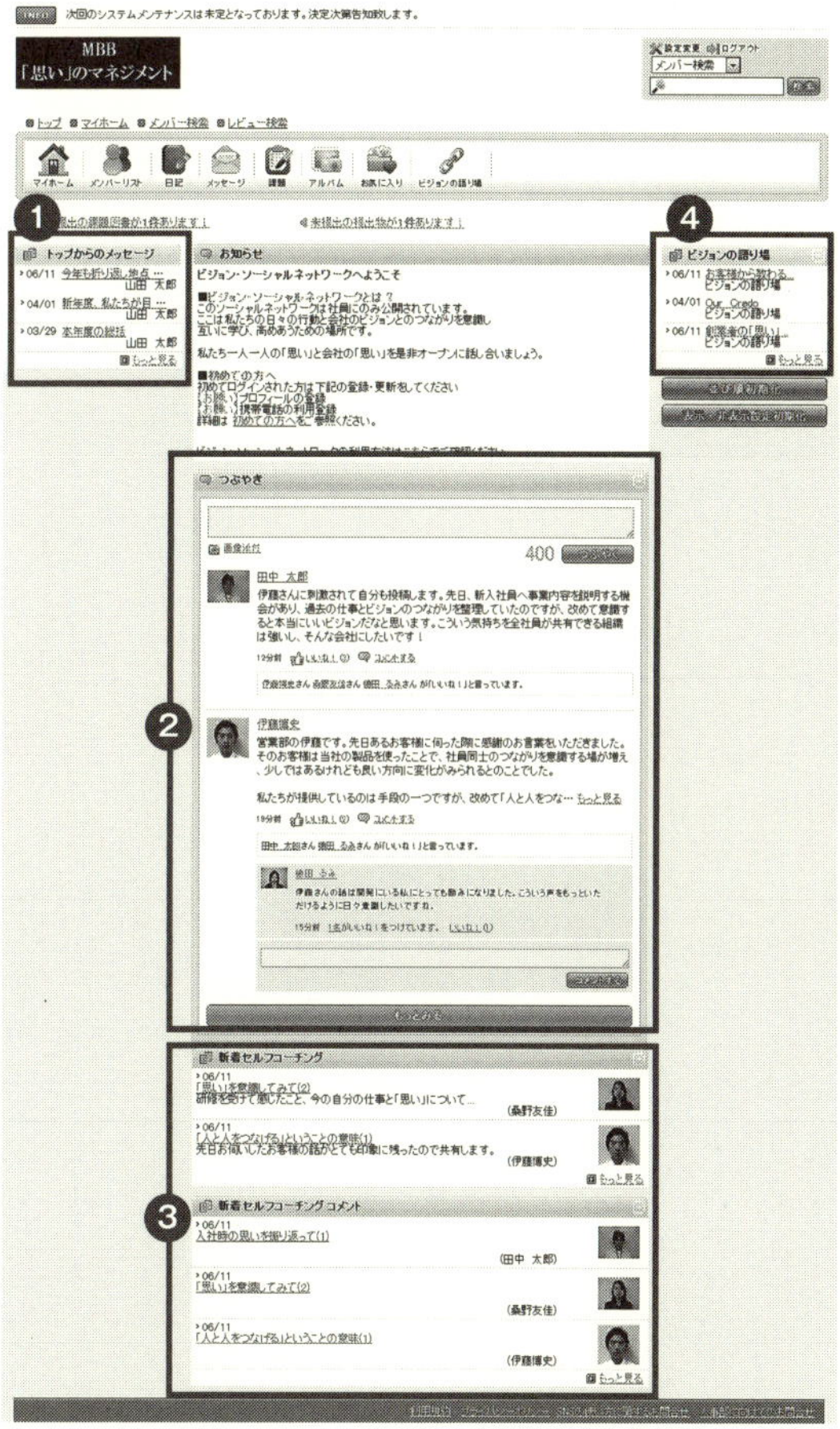

1
トップからの
「思い」の発信

2
社員同士が語り合う
「思い」の
ジャムセッション

3
日々の行動とビジョンを
振り返る
「セルフコーチング」

4
チームで振り返りをする
語り場としての
「チームコーチング」

図表5-2　トップからの「思い」の発信

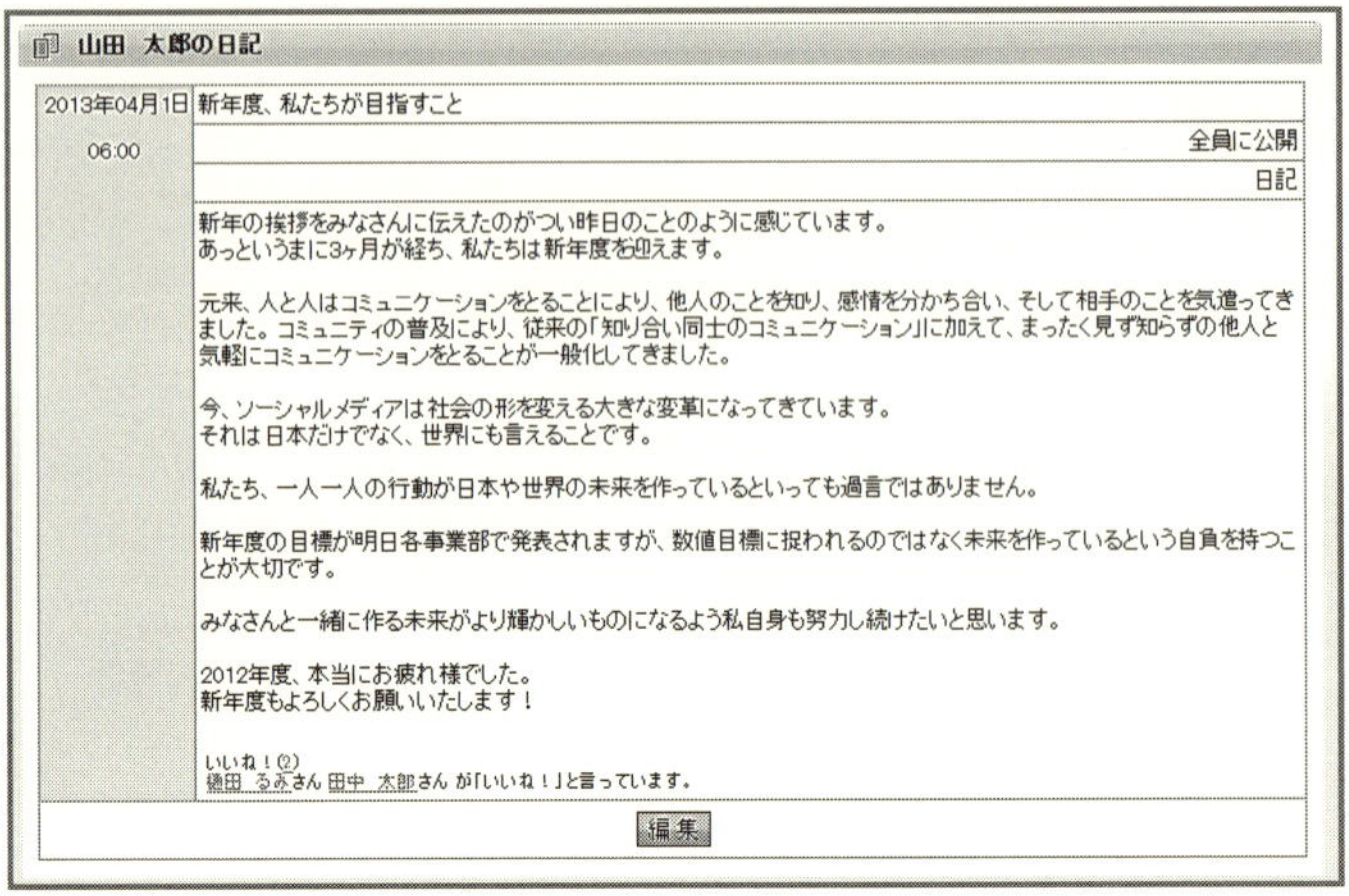
山田　太郎の日記

2013年04月1日
06:00

新年度、私たちが目指すこと

全員に公開

日記

新年の挨拶をみなさんに伝えたのがつい昨日のことのように感じています。
あっというまに3ヶ月が経ち、私たちは新年度を迎えます。

元来、人と人はコミュニケーションをとることにより、他人のことを知り、感情を分かち合い、そして相手のことを気遣ってきました。コミュニティの普及により、従来の「知り合い同士のコミュニケーション」に加えて、まったく見ず知らずの他人と気軽にコミュニケーションをとることが一般化してきました。

今、ソーシャルメディアは社会の形を変える大きな変革になってきています。
それは日本だけでなく、世界にも言えることです。

私たち、一人一人の行動が日本や世界の未来を作っているといっても過言ではありません。

新年度の目標が明日各事業部で発表されますが、数値目標に捉われるのではなく未来を作っているという自負を持つことが大切です。

みなさんと一緒に作る未来がより輝かしいものになるよう私自身も努力し続けたいと思います。

2012年度、本当にお疲れ様でした。
新年度もよろしくお願いいたします！

いいね！(2)
徳田 るみさん 田中 太郎さん が「いいね！」と言っています。

編集

剣な表情と共に社員に届くのである。それに対して社員が自分の思いをぶつけたいと考えればコメントを付ける。対話性と即応性を兼ね備えているのだ。

　動画の効果は絶大だ。たとえばＩＢＭでは２０１２年にジニー・ロメッティがトップに就任し、ＩＢＭ史上初めてトップのメッセージをＳＮＳで動画配信した。すると数日で数百件のコメントが付き、それが大いに話題になったのだ。

　やはり社員はトップが何を考えているかを生の声で本人の言葉で聞きたがっている。動画を通して言葉と表情で熱い思いを語りかけ、ＭＢＢをキックオフしてほしい。

○——「思い」のジャムセッション

大きな組織では社内でも名刺交換するほど、初めて会う人や、顔は見知っていても話したことのない人がたくさんいるものだ。同じ部署とか同じプロジェクトに属しでもしないと、じっくりと話し合うことはない。これでは、困ったときに知恵を借りる相手も職場内などに限定されてしまう。新製品は従来型の改良版、目標売上は昨年度比○%アップで通用した時代は、それでよかったかもしれない。

しかし、これからのビジネスの価値はグローバル・ビッグ・イシューや人類の共通善のための複雑な課題解決でこそ生まれる。より本質的なイノベーションを考えなくてはならない。小手先で狭い領域からしか知恵を借りられないのでは頼りない。

MBB版SNSの思いのジャムセッションを活用すれば、周りの人だけでなく広く会社全体の人からアイデアや解決策をもらうことができる。

SNSのいい点はメールのあて先がわからなくても投稿できるところだ。悩みや相談のほか自分の思いを吐露する場としても最適である。相手も同じような思いを持っているのでポジティブな返信が期待できる。投稿するのも返信するのも義務ではない。やりたくて、人のためになりたくてするのだ。そのため双方のやり取りの中にプラスのスパイラルが生まれやすい。

図表5-3 「思い」のジャムセッション

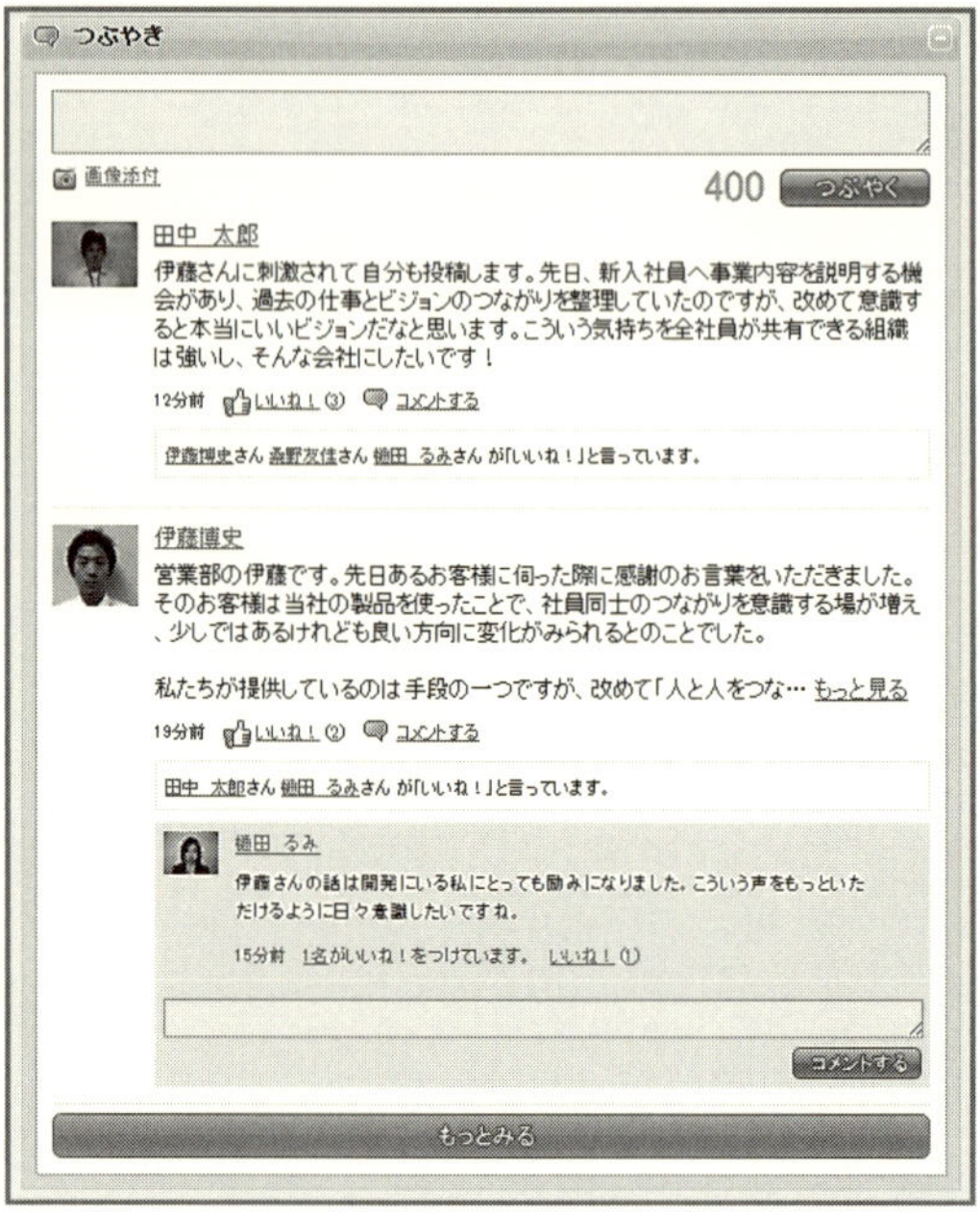
つぶやき
画像添付
400
つぶやく
田中 太郎
伊藤さんに刺激されて自分も投稿します。先日、新入社員へ事業内容を説明する機会があり、過去の仕事とビジョンのつながりを整理していたのですが、改めて意識すると本当にいいビジョンだなと思います。こういう気持ちを全社員が共有できる組織は強いし、そんな会社にしたいです！
12分前 いいね！③ コメントする
伊藤博史さん 桑野友佳さん 鶴田 るみさん が「いいね！」と言っています。
伊藤博史
営業部の伊藤です。先日あるお客様に伺った際に感謝のお言葉をいただきました。そのお客様は当社の製品を使ったことで、社員同士のつながりを意識する場が増え、少しではあるけれども良い方向に変化がみられるとのことでした。
私たちが提供しているのは手段の一つですが、改めて「人と人をつな… もっと見る
19分前 いいね！② コメントする
田中 太郎さん 鶴田 るみさん が「いいね！」と言っています。
鶴田 るみ
伊藤さんの話は開発にいる私にとっても励みになりました。こういう声をもっといただけるように日々意識したいですね。
15分前 1名がいいね！をつけています。 いいね！①
コメントする
もっとみる

思いのジャムセッションにはもう一つの使い方がある。会社からテーマを提示して、それに対する意見を収集する方法だ。

たとえば会社のロゴを変更したいとしよう。SNSで社員からキャッチコピーやタグラインなどを時間を限って（72時間以内など）募集する。それをプロのコピーライターやデザイナーと一緒に検討し、再び社員に見てもらい、フィードバックをもらうことができる。こうしたプロセスを経てできあがった新しいロゴには、社員みんなの思いがこもるだろう。

企画部門、デザイン部門の限られた人たちが作るロゴでは社員の関心が十分高まらないかもしれない。自分たちのものという気がしないかもしれない。ロゴだけでなく、各種イベントや企画のアイデアや意見をこの思いのジャムセッションで収集できるのである。

SNSを活用したセルフコーチング

第2章で述べたようにセルフコーチングは日々の出来事やニュースの中で気に留めたことをクローズアップさせ、「どうして気になったのか」「今の自分の仕事にどんなかかわりがあるのか」などと深掘りし、自分の思いを育んでいく手法だ。MBB版SNSにもセルフコーチング機能が備わっている。ここでも日々やったことや考えたことをつづっていく。日記のようなものだが、最近はブログやツイッターに慣れた人も多く、紙に書く日記よりもむしろ敷居が低いと感じるようだ。

図5-4　日々の行動とビジョンを振り返る「セルフコーチング」

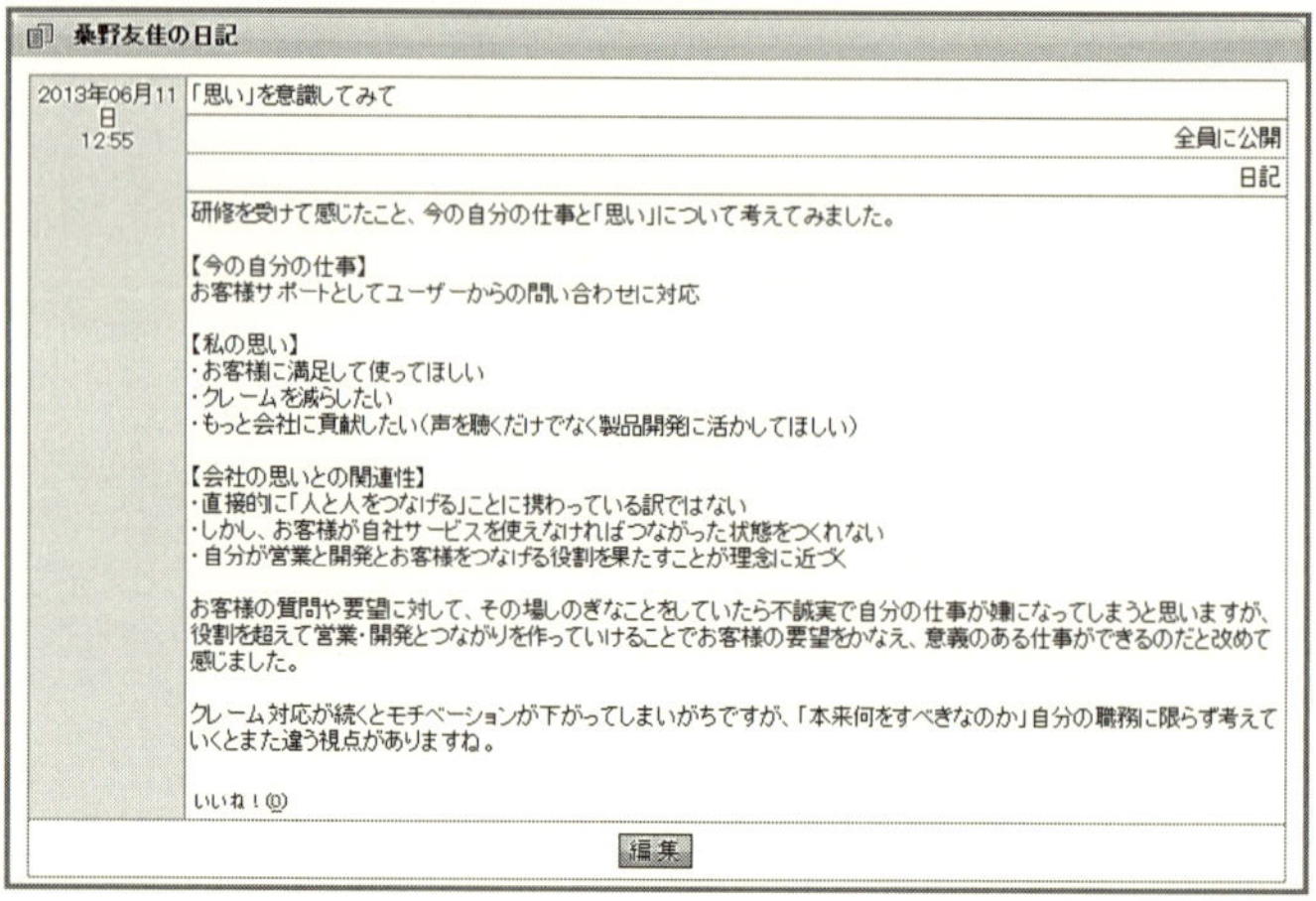

桑野友佳の日記
2013年06月11日 12:55
「思い」を意識してみて
全員に公開
日記
研修を受けて感じたこと、今の自分の仕事と「思い」について考えてみました。
【今の自分の仕事】
お客様サポートとしてユーザーからの問い合わせに対応
【私の思い】
・お客様に満足して使ってほしい
・クレームを減らしたい
・もっと会社に貢献したい（声を聴くだけでなく製品開発に活かしてほしい）
【会社の思いとの関連性】
・直接的に「人と人をつなげる」ことに携わっている訳ではない
・しかし、お客様が自社サービスを使えなければつながった状態をつくれない
・自分が営業と開発とお客様をつなげる役割を果たすことが理念に近づく
お客様の質問や要望に対して、その場しのぎなことをしていたら不誠実で自分の仕事が嫌になってしまうと思いますが、役割を超えて営業・開発とつながりを作っていけることでお客様の要望をかなえ、意義のある仕事ができるのだと改めて感じました。
クレーム対応が続くとモチベーションが下がってしまいがちですが、「本来何をすべきなのか」自分の職務に限らず考えていくとまた違う視点がありますね。
いいね！(1)
編集

紙の日記と大きく違うのは公開すれば、コメントなどのフィードバックを得られる点だ。たとえば「今日1日、自分の思いを持って仕事に取り組めたか」と日々、振り返りながら、それに対して励ましやアドバイスをもらえるのだ。「私も同じことがあった」「私の場合、こうした」「この人に相談してみたらどうか」、そんなコメントがどんどん飛んでくる。ほかの人にも見られているので、ある程度の緊張感を持ちながら毎日の記述に張り合いも出る。

日記は元来、他人に読まれることのない、極めて個人的な書きものだった。日記では、自分で自分を励ますしかない。SNSのセルフコー

チングはあえて他人に見てもらってモチベーションアップにつなげていくことが可能になる。フェイスブックと同様の「いいね！」機能もあるので、コメントを付けないまでも「いいね！」で「ちゃんと見ているよ」という意思表示が可能だ。それだけでも書く人の励みになるものだ。

セルフコーチングの書き込みは役職や年齢のギャップを埋める利点もある。ある会社の工場長は若手との距離があって、話しづらさを感じていたのだが、SNSで若手が何を考えているかがわかり、それからはスムーズにコミュニケーションができるようになったという。若手がSNSでのほうが本当のことを言えて、現場で本音を語らない、本心を見せないというまた違った問題はあるが、相手を理解できなければコミュニケーションの端緒すら見出せない。その意味でもSNSの効用は大きい。

SNSを活用したチームコーチング

MBB版SNSのチームコーチングの機能を使えば、テーマや属性に応じて仮想コミュニティをつくり、そこで意見や考えを交換し、思いを広げていくプロセスを構築できる。たとえば「グローバル化」というテーマに興味を持つコミュニティもあるだろうし、「課長層」だけが集まるコミュニティも構成できる。テルモでは新人研修期間中に新人たちやトレーナーたちとの間でSNSのチームコーチングを展開し、現場体験で日々起こる悩みを

図表5-5　チームで振り返りをする語り場としての「チームコーチング」

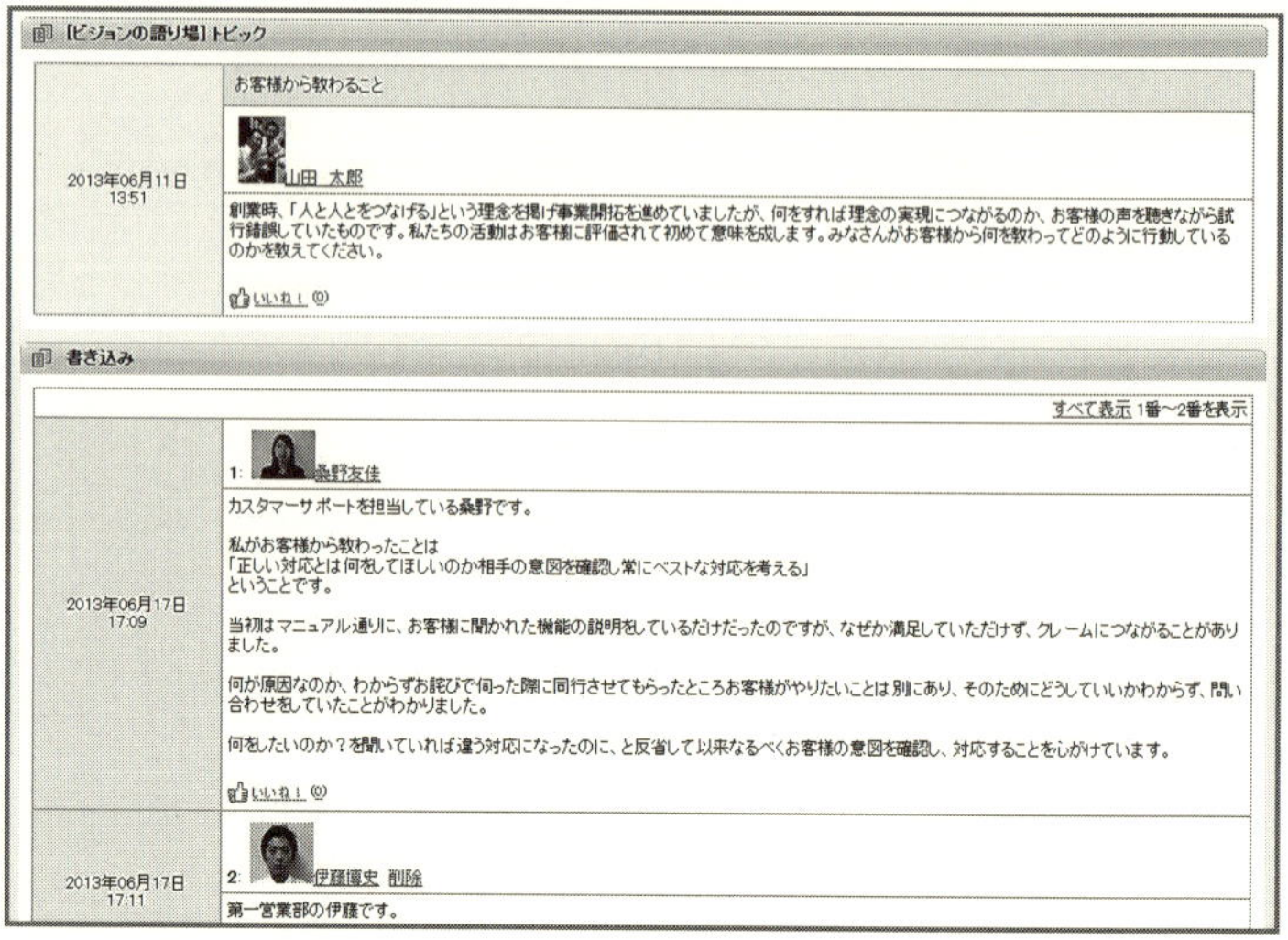

相談しあうことで効果を上げている。

また別の企業では「隠れた努力」を発見するツールとしてMBB版SNSのチームコーチングを役立てている。毎月、「誰がチームで一番頑張っているか」をチーム全員で評価し、次に全社で評価するのだ。あるときには、チームの新人が仕事を効率化し、それが大変な業務改善につながったケースが高い評価を受け、その同期の人たちも非常に刺激されたという。

今までなら特定の職場の中で埋もれていた取り組みがSNSのチームコーチングの場で掘り起こされたのである。全社に知れ渡り、そこに皆が思いを書き込むことで、横展開に

図表5-6　**テルモでのSNS活用事例：新人研修での悩みを解決**

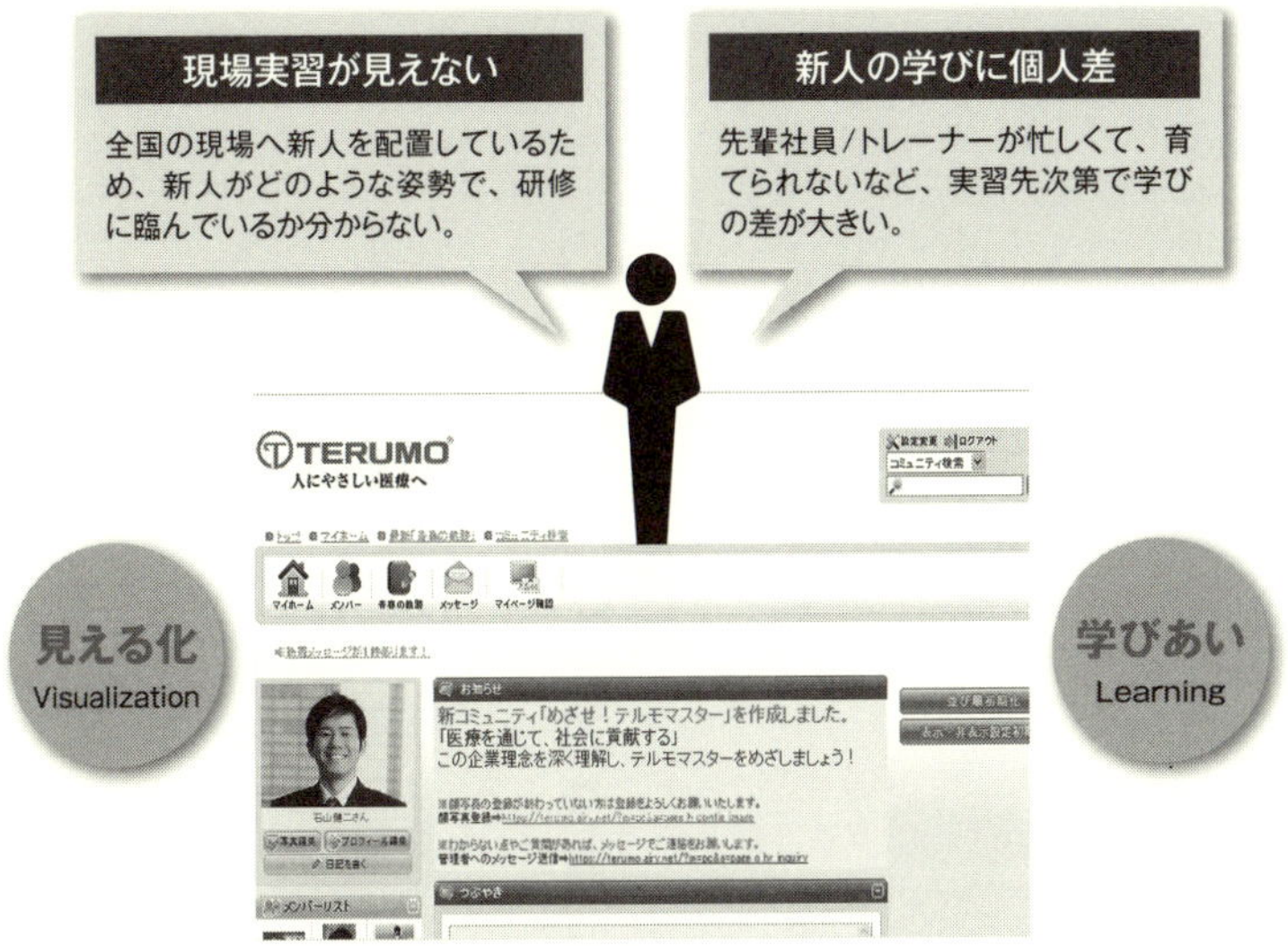
現場実習が見えない
全国の現場へ新人を配置しているため、新人がどのような姿勢で、研修に臨んでいるか分からない。
新人の学びに個人差
先輩社員/トレーナーが忙しくて、育てられないなど、実習先次第で学びの差が大きい。
TERUMO
人にやさしい医療へ
見える化
Visualization
学びあい
Learning
新コミュニティ「めざせ！テルモマスター」を作成しました。
「医療を通じて、社会に貢献する」
この企業理念を深く理解し、テルモマスターをめざしましょう！

つながったわけだ。

SNSでチームコーチングを行う価値は、単に思いやビジョンを育み、共有化するだけではない。この例のように、社員の間で信頼が醸成される結果、他部署での活用を刺激し、実際に業務改善につながる可能性が大きいのだ。

ただし、業務改善ありきのシステムではないことを忘れてはいけない。SNSが機能するのはあくまでもそれが自主的に使われるからだ。自主性を育むしくみであるところがSNSの最大の特徴なのだ。「業務効率化のためにSNSを使いなさい」と命令するのはもってのほか。「必ずコメントをつけなさい」と指示するのも止めたほうがいい。義務になってしまってはSNSの利点が失われてしまう。管理する側にもセンスが必要なのだ。SNSのようなシステムはがんじがらめに管理するのではなく、適度なゆるさで管理する必要がある。

3 MBBによるSRMへむけて

SNSの登場でITの新しい可能性が広がってきた。今まで、企業においてはITが専ら効率化に用いられてしまい、人々はPCの画面にはりつきになり、ホワイトボードの前で「ああでもない」「こうでもない」と意見を交わす時間が奪われてしまった。思いと知がぶつかり合い、弁証法的に豊かな創造性を生む機会が、合理化の裏に押しやられてしまったのだ。

多くの企業にとって、思いと知が行き交う豊饒な時間を取り戻すのは重要な課題であった。しかしリーマン・ショックや東日本大震災など、日本経済や人々の心に大きなダメージを与える出来事が度重なり、それらがきっかけになって、熱く語り合い、ビジョンを共有することや心のつながりの大切さに再度われわれは気づかされた。そしてフェイスブックやツイッターでの人のつながりや思いの交換も活発化し、社内SNSの効用の再認識につながってきたと言えよう。知の交差点を増やさなければいけないという自覚が形成されてきたのである。

もちろんSNSだけでMBBが進むわけではない。デジタルとリアルの双方で思いの伝播、高質化を図っていく必要がある。SNSのセルフコーチングとチームコーチングで日々の仕事への取り組みを振り返り、あるいは他者からコメントをもらいながら、それを励みや自省の材料にして大きなビジョンに向かってリアルの世界で地歩を固めていくことが大切だ。

SNSで同じ思いや問題意識を持っている人たちを惹き付ける「これは」というテーマが浮上すれば、リアルな場を設け、討論やイベントを仕掛けていくのも面白い。そこから創造的で刺激的なプロジェクトが始まるかもしれない。このようにSNSという集合知形成の優れたシステムとともに、一人ひとりが顔を突き合わせアクションを起こし、その実践のただ中で思いを育みながら、リアルとバーチャルの相互作用の中で、未来に向けた豊かなMBBの世界への道が拓かれていくだろう。

社内で知や思いを重視するカルチャーが生まれると同時に、現場での豊富な実践に基づく実践知が蓄積されると、ＳＮＳやクロスファンクショナルチームなどを通じて、思いや気づきが交わされ、集合実践知が形成されてくる。社内のこうした知の土壌が豊かになってくると、やがてはより多くの知や発見を求めて、社員の意識は組織の壁を飛び出していく。外の知との交差点ができ、シャドーワーク、アライアンス、ジョイントベンチャーといった形でソーシャルナレッジを活用したオープンイノベーション、共創の実体が現れてくるだろう。

このような社内知と社外知の交流を支援する仕掛けづくりや、知恵の提供、ネットワーク促進などを行う人事が先に述べたＨＲＭ３・０のマネジメント、すなわちＳＲＭだ。

ＨＲＭ３・０の時代が来たときには、会社の構成員を「社員」と呼ぶのも適当ではない。人材は「ナレッジクリエーター」と捉えるべきだろう。人材のマネジメントも、人のマネジメントから「知のマネジメント」に変貌していく。それは外に向かって知を開き、思いをつなげていく外に向かって開かれた場のマネジメントだ。ちょうどシリコンバレーのように社内の人間か、あるいは社外の人か、そのようなことは関係なく知と知が結び付き、新しいものが創造される場ができてくる。

こういったダイナミックな知の動き、人の動きの基盤には、必ず個々人の思いが必要だ。組織のあてがいぶちの目標達成に汲々としている人材からはこの動きは生まれない。個々人の思いを育み、高い志や信念に高めていく人材マネジメントの基盤がＭＢＢなのである。

終章

ケーススタディ：ＭＢＢを実践するスターバックスコーヒージャパン

1 「思い」と「数字」を両立させる

最後にＭＢＢを実践している企業の事例を再び取り上げたい。それは、冒頭で取り上げたスターバックスコーヒーの日本法人であるスターバックスコーヒージャパンだ。同社は、米スターバックスの海外法人の第一号として１９９５年に設立された。現在では日本全国に約１０００店を構え、従業員数は正社員で約２０００名、アルバイトを入れると二万人以上の大企業に成長している。

同社では雇用形態を問わず全社員をパートナーと呼び、アルバイト社員のモチベーションも極めて高い。店長はもとより、正社員のオリエンテーション研修でさえ、アルバイトの講師が務めるほどなのだ。また一人ひとりの接客のレベルは、世界のスターバックスの中でも群を抜いていると筆者らは感じている。

そのような熱い思いを持った社員たちが、質と量との両面でとてつもない業績を達成しているのがスターバックスコーヒージャパンだ。そんな同社の背景にあるのが、ＭＢＢの考え方なのだ。しかも創業者のシュルツ氏の考えをさらに日本独自の価値観を取り混ぜて発展させて、根づかせている。

ここまで読んでいただいた読者の方々は、ビジョンを描いて企業を経営すること、思いを抱いて仕事をすることの重要性にすでに気づいているはずだ。しかし日々の現実の中では、わかっていながらも、なかなか手が打てないでもいるだろう。これは個人も企業も同じだ。

外部環境のすさまじい変化の中で、とにかく利益を死守しなくてはならない、成長し続けなくては株価が下がってしまうという、外部からの脅しの経営の前では、言うべきことも言えなくなっている。しかし理念を離れ、その会社らしさを失った企業は衰退の道を辿るしかない。必死になって利益を確保しても、なりふり構わずシェア争いをしても、それは本質的な価値命題が何かを忘れた延命治療、短期の競争戦略に過ぎないからだ。

厳しい環境の中でこそビジョンを失わず、真の価値を追い続け企業価値をさらに高める行動に出なければならない。理想論だろうか――。

その問いにスターバックスコーヒージャパンは応えようとしている。序章で見てもらったシュルツ氏の熱い思いはもちろんグローバルベースで世界中のスターバックスに伝播する。日本のスターバックスコーヒージャパンもパートナーとの絆をベースに、熱い思いのある会社として育っている。

シュルツ氏が語るように株主に対する責任と社会的良心の均衡を最大限に生かし実践している。日本のスターバックスがどうやって「思い」と「数字」を両立させようとしているのか、パートナーとの絆づくりはどうしているのか。MBBの実践論を最後に見てもらいたい。

人事・管理統括オフィサーの荻野博夫氏は「スターバックスジャパンは思いの強い会社だ」と言いきる。それは初代CEOの角田雄二氏がシュルツ氏同様、思いを大切にする人物だったことに由来する。同社がどれだけ思いを大事にしているかは会社の中のあちこちで今でも垣間見ることができる。たとえばパートナー（従業員）は入社するときに「あなたがここにいる理由は何ですか」と聞かれる。自分の存在意義を意識させる問いかけだ、と荻野氏は言う。

「誰でも驚くと思います。今まで自分の存在なんて考えたことはないかもしれません。しかし、自分の存在を証明したいのですよね、あなたがここに来たのは。必然なんですよねと。採用面接でこう語りかける会社がスターバックスなのです」

シュルツ氏の思いを支えてきた「オンワード」の日本語訳に関しても、新しいミッションステートメントの日本語訳プロジェクトチームをつくり、そこで侃々諤々の議論を繰り返したのも同社らしい。オンワードは、スターバックスコーヒージャパンでは「これからも　いつまでも」と翻訳した。それは単なる日本語への置き換えではない。シュルツ氏の本質的なメッセージを日本人である正社員やアルバイトたちが自分事として捉え、しかもスターバックスコーヒージャパンを育てていく力にしたいという思いがあった。

荻野氏はそれゆえ徹底的に議論する道を選び、経営会議メンバーに何度も問いかけて、最終的に決まるまで実に半年もかけた。その分、荻野氏らプロジェクトメンバーは多くの時間と労力をかけたが、納得感を持って組織に落し込んでいかないと意味がないと覚悟を決めていたからだ。これが思いを重視するＭＢＢ経営の特徴を表している。何が優先順位なのかをしっかりと考えるのだ。

ＭＢＢが定着していることを大いに感じさせるエピソードだが、「ともすると思いに走りがちな会社だった」とも荻野氏は明かす。そして同社が思いと数字を両立できる組織になったのは2代目ＣＥＯのマリア・メルセデス・エム・コラーレス氏の功績が大きかったと回想する。

「マーシーはリーバイストラウスジャパンのＣＥＯ時代、ブランド価値を上げ、しっかり収益を確保した人です。スターバックスでもブランド価値やパートナーとの絆を大事にしていました。と同時に求める数字は常に厳しかったのです。ただしそれで思いが薄れることはありませんでした。スタンスがはっきりしていたのです。直近の数字は上がっても思いやブランド価値に照らして違うのであれば、やる意味はないときっぱりと指摘しました」

短期間での成果と長期的なビジョンをうまくバランスできる傑出したＣＥＯがバランス

のいい組織を形づくったのだ。しかしそうは言ってもアメリカ本国からの数字的なプレッシャーもある。コラーレス氏が求めた数字もかなりストレッチしたものだった。発想のブレークスルーを要求される。

「それが達成できるかどうかは店舗のパートナーにかかっています。パートナーが納得しない限り、動かない会社です。ただし、いったん納得感が得られればストレッチした目標を軽く飛び越えてしまう力があるのです」

もちろん利益が出なければ最終的にパートナーたちの雇用も保証できない。だが、それ以上にやる気が大事なのだ。コーヒーを売るのが仕事ではない。お客様に喜んでもらうのが仕事なのだ。こう思い始めると自ら工夫するようになるので、まったくやらされ感がない。完全に自分の課題になってしまうのだ。店舗は自分の存在を証明するための場所になるのだ。

「お客様に喜ばれると自信になり、次には仲間の成長を助けようとします」

店舗では自然発生的にビーンズチームとかペーストリーチームといった小集団ができて、助け合いながら目標達成に走り出すと言う。

「パートナーの心の中にコミットメントとエンゲージメントがバンと入ったときは絶対に目標を超えます。ストップをかけないと危ないくらい熱くなって働いてしまうのです。そのため、サークルのノリだと揶揄されるわけですが」と荻野氏は笑う。

スターバックスでもMBBが実践されている

逆に言えば現場が本気になれないと目標を達成できないわけだ。売上や利益の目標だけが示されるのはもってのほかだが、どんなに高邁なビジョンがあってもそれが現場で共有されないとまったく力にならない。だからビジョンやミッションを納得感ある形で落とし込んでいくことが重要なのであり、店舗のパートナー一人ひとりが元気であることが大切なのだ。

　多くの企業で、仕事が山積みになっているから、作業効率を上げたいからといって納得のプロセスを飛ばしてしまう傾向にある。だが同社の事例を見てわかるとおり、社員の納得感が得られない限り、目標を達成し続けるのは難しい。ビジョンやバリューを損なって短期的に数字を上げても、やがては疲弊感が蔓延し、より大きな反動があるだろう。納得のプロセスをきちんと経ることの大切さを教えてくれる。

2 あえてマニュアルは作らない

同社は本社（本部）のことを「サポートセンター」と呼ぶ。先述したとおり、業績は店舗で働くパートナーの力にかかっている。パートナーが自律的に工夫し、お客様にサービスを提供して初めて目標を達成することができる。だから店舗のパートナーのサポートをするのが本部の唯一無二の役割なのだ。

飲み物、食べ物のメニューは決まっているが、それをどのくらい発注するかは店舗で決められるし、商品をどう見せるか、どう売るかはパートナーの工夫次第である。できる限りのフレキシビリティを与えようとしている。自分で考え、自分で工夫できれば仕事は楽しいし、職場に創造性をもたらすことにもなる。

シニアラーニングスペシャリストの吉田卓也氏は自主性・自律性を育むために「あえてサービスマニュアルを作らない」と言う。

「マニュアルを作ってくれたほうが楽なのにと言う人もいます。しかし思考停止になってしまうのが怖いのです。現場が考えなくなったら終わりです」

教育は自然、店舗内のＯＪＴが中心になる。先輩の働く姿に「ああなりたい」と憧れて、自分も成長欲求を持って仕事をし、やがては後輩の成長を支えることで働く喜びを得られる。そうした成長の好循環が大切なのである。マニュアルに頼る企業になってしまえば、この好ましい循環が断ち切られると吉田氏は考える。そして店舗を「どうサポートできるか」といつも自問自答していると言う。

接客もパートナーに任せている。注文待ちの列ができていても、お客様と話したいときは話してもいいと許可している。ただしそのときは他のパートナーがカバーする必要はあるが。

荻野氏は「思いがあっても自律性がなければ成長するビジネスは作れない」と言う。

「思いだけでは自己満足に終わってしまいます。お客様をきちんと見て自律的に動ければ競争で優位に立てます」

コーヒーはコモディティ化の進んだ商品だ。別にスターバックスでなければ飲めないものではない。もっと安いチェーン店もあるし、コンビニでもコーヒーの提供を始めている。むろんスターバックスの味しか嫌だという人は別だが、概してコーヒーは参入障壁が低い商品であると言える。しかしそれでもスターバックスを〝指名買い〟する人が少なくない。スターバックスが大切にする価値を客も共有しているからである。

「『いらっしゃいませ』ではなく『こんにちは』と言い始めたのは恐らく私たちが最初だと思いますが、これはお客様との対話のためのキーワードなのです。『いらっしゃいませ』では一方通行なのです。声かけは『こんにちは』でも『こんばんは』でもいいのですが、言うのが目的ではありません。声をかけながら『今日はこのお客様は少し元気がないな。嫌なことがあったのかな』とか『今日はにこやかだな。何かいいことがあったのかな』とお客様のことを察するのです。『こんにちは』はサービスの入口に過ぎません。また『こんにちは』と言えばスターバックスになるわけではありません。マニュアルで応酬話法をつくって覚えても意味がありません。思考停止になってしまいます。すべてパートナーがお客様の様子を察し、行動は考えなくてはいけないのです」

思いの先に自律性があるのだ。だからマネされにくい。模倣されにくいから差別化できるのである。

店長のマネジメントで重要なのもパートナーの自主性・自律性を引き出してやることだ。

店長がバックヤードで数字ばかり見ていてはダメだ。数字のマネジメントは一見楽である。わかりやすく判断しやすい。だが定量的に見えない部分が大切なのだ。パートナーの表情を見ながら、元気がなければ「どうしたの？」と声をかけるといった人間的な関係が職場の基盤を作っていく。

「数字で表れないところに向き合うのは勇気がいる」と吉田氏は吐露する。

吉田氏が語るように店長は定量的でないものに向き合う勇気が必要だ。一方で店舗には店舗の目標数字がある。思いが強すぎると数字のアプローチが弱くなる。だが店長が数字ばかりを追うようになるとパートナーは「こんなことをするために働いているのではない」という気持ちになる。思いと数字をうまく使いこなすことが重要だ。

数字を意識しつつ、いかに日常的に見えない部分に光を当て、励まし、褒め、煽るか。創造的な対話を濃密に行い、このデリケートな関係に向き合っていくのが勇気なのだろう。勇気を持って事にあたるのは、現実に向きあうリアリズムでもあり、しみじみ感を抱かせるポイントだ。

3 サービスリーダーシップ

同社は2010年からもう一段、思いにドライブをかける試みを始めている。「サービスリーダーシップ」の取り組みだ。「ビジョンメーキングできていないのでないか。ミッションオンリーでとりあえず数字は上がっているが本当にそれでいいのかという疑問から始めました」と吉田氏は言う。

「自分の店でどうサービスを実現していきたいか夢を語ろうと言ったとき、夢を語れない店長が多かったのです。『スターバックスって何ですか』と問うと『何でしたっけ』と答える人が多かったのです。スターバックスでの身体的経験はあってもビジョンを論理的に語れる力がついていませんでした」

吉田氏らは「サービス強化プロジェクト」を発足させる。まずよいサービスが実現している店舗を回りインタビュー（ベストパフォーマーインタビュー）を重ねた。と同時にそのほかの店舗も無作為抽出してインタビュー（フォーカスグループインタビュー）し、ベストパフォーマーとの間で行動や取り組みにどのような違いがあるのかを明確化していった。それを受けて店長を対象とする「サービスリーダーシップセッション」が開かれ、続いて全国2万人強の全パートナー向けの「カスタマーサービスビジョントレーニング」が展開されていく。

そうした流れやインタビューの結果、ベストパフォーマーの思考・行動特性、さらには米国スターバックスから全世界に発せられた「カスタマーサービスビジョン」の解釈などを『ワールドクラスカスタマーサービスの流儀』という冊子にまとめた。

この取り組みは吉田氏自身が店長としてどうやればいいかに悩んだり困ったりした経験に根ざしている。「困ったときの参考書になればいいと思ったのです」

ちなみにテキストは次のような構成になっている。

第一章　サービス強化プロジェクトの発足
第二章　サービスリーダーシッププロセスの開発
第三章　顧客視点のワールドクラスカスタマーサービス
第四章　カスタマーサービスビジョンの翻訳
第五章　サポーティングピラーの翻訳
終　章　ワールドクラスカスタマーサービスのフォローアップ

この冊子はサービスマニュアルではない。吉田氏らプロジェクトメンバーがどう考え、どう気づき、スターバックスのサービスの価値を再発見・再定義した道筋そのものが記されている。きれいに整えられたデータではなく、生のデータといった感じだ。それゆえ店長が入り込みやすく、共感しやすい〝読み物〟になっている。吉田氏はこれをマニュアル化するつもりはないし、チェックリストやKPIのように使ってほしくないと言う。

「サービスがうまく回っているときは無視してもらっていいのです。店長が悩んだときに異常の原因を突き止めるために活用してもらいたい。自分たちのサービスを映し出す鏡のように利用してもらいたいのです」

パートナー一人ひとりが思いを持って自律的な行動を取ること。そういう現場を実現することを任されている店長をKPIで縛るのではなく、思いを共有するストーリーのネタ帳として活用できる大変よい指南書になっているのだ。

このように常に思いを先にして、数字を後にすることがMBBを軸にしたマネジメントであり、仕事への本来の向き合い方なのではないだろうか。ヤマト運輸で宅急便のビジネスモデルを創造した小倉昌男氏も、現場が思いを持って創意工夫を行い、顧客との感謝感動を軸に経営するために、「サービスが先、利益は後」というかたちで、思いと数字のバランスを保った。近江商人の「三方よし」も、より大きな社会のため（世間よし）の覚悟を持って、自分たちを活かしてもらう道だ。それは自分の利益ではなく、利他の精神、他喜力の発揮である。それは継続性、エコシステムにつながる。そこでこそ「意味ある数字」

が生まれてくる。そして未来志向につながっていく。自分の思いを極めていきたいという自然のドライブがかかるのである。

意志のない人は、オーバーアナリシス、オーバープランニング、オーバーコンプライアンスの罠に簡単にはまってしまう。意味ある目標を実現するための、合理的判断力、そろばん勘定、数値目標になっていかなくてはならないはずなのに。世の中を良くする数字であり、皆に価値を届ける指標としての数字であるべきなのに――。

『日本でいちばん大切にしたい会社』（あさ出版）で著者の坂本光司氏が語るように、従業員が先、取引先が次、そして顧客、世間、最後に株主が来ることが本当の企業のありようだとの認識が高まっている。業績よりも継続にこそ価値があり、「よい社会」になるのだと思う。野中教授の主張する「ワイズキャピタリズム」だ。そして、その認識は、ＣＳＶ（Creating Shared Value）やソーシャルビジネスの流れに見るように、世界中のますます多くの企業や組織の間で高まっているといえよう。

しかし、スターバックスジャパンのケースに見られるように、日本には、こうした価値観が脈々と受け継がれている。ＭＢＢを暗黙知として実践してきたのが私たち日本企業だったのだ。ＰｗＣの最近の調査でも、日本企業の経営者は、世界の他国の経営者と比べると、圧倒的に、従業員、取引先、世間を意識した経営をしている。

これまでの不況との葛藤の中でそれを忘れてしまう企業が続出し、荒廃した風土しか経

図表終-1　**経営者が考える「事業戦略に影響を及ぼすステークホルダー」**

質問：次に挙げる各ステークホルダーが貴社の事業戦略に対して及ぼす重大な影響はどの程度ですか？

「ある程度影響力を持つ」または「大きな影響力を持つ」と答えた回答者の割合（%）
（　）内の数字は回答者数

	世界全体（1330）	日本（162）	中国／香港（132）	アジア太平洋（449）	西欧（312）	米国（167）
顧客と得意客	97	97	94	95	97	99
競合他社や同業他社	90	94	89	90	89	89
政府と規制当局	85	79	86	86	86	78
従業員（労働組合や工場協議会を含む	83	90	77	83	85	80
貴社のサプライチェーンを構成するパートナー	76	84	67	74	76	69
資本の提供者（債権者や投資家など）	75	83	77	79	73	75
地域コミュニティ	61	70	46	60	55	57
ソーシャルメディアのユーザー	50	46	46	48	52	53
メディア	53	60	56	62	47	32
非政府組織（NGO）	32	15	28	29	34	36

出所：PwCJapan第16回世界CEO意識調査日本分析版「レジリエントな対応力の強化」2013年3月

験していない世代が増える中、もう一度私たちの本来の生き方、価値観を取り戻したい。私たちの良い価値観を形式知化し、グローバルに共有し、広めていく土台。それがMBBなのである。

MBBには忍耐がいるし、ゆるぎない価値観を持たなくてはならない。自己の立ち位置や存在への厳しい問いかけでもある。しかし、人はそういう思いでこそつながりあえるのではないだろうか。そしてそのつながりから、笑顔があふれてくるのではないだろうか。そんな組織、そんな社会、そしてそんな世界にしていきたい。

次ページ以降には、「MBBオーディット」として、私たち自身の思いの強さを測る診断テストを載せたので、そちらへ進んでほしい。診断結果に基づいて第2章、第3章で述べた思いを育み実践するための各施策を再度確認していただければと思う。ぜひ一緒に、MBBの実践に挑戦していきましょう。

あなたの「思い」の強さを測定してみましょう。

			5 よく当てはまる	4 おおむね当てはまる	3 どちらとも言えない	2 あまり当てはまらない	1 全く当てはまらない
組織と自分の思いのすり合わせ	17	トップ（または自分の2階層上の上司）の夢や志、価値観をよく知っている					
	18	会社の歴史と価値観をよく知っていて、周囲と共有している					
	19	自部門が取り組んでいることが、自社のビジョンとどう関連しているのかを部下に説明している					
	20	自社のビジョンの実現に向けて、他部門が何に取り組んでいるか理解している					
	21	直属の上司の夢や志、価値観をよく理解している（持っていない上司の場合は、そのことも）					
	22	判断に迷う時には、会社の理念やビジョンに立ち返って上司と議論するようにしている					
	23	トップが会社の理念やビジョンや夢を語った際に、傍観者的あるいはシニカルな発言をしない					
	24	職場の上司や同僚と、会社が掲げる理念やビジョンの解釈について話し合い、理解を共有できている					
仕事への思いの裏打ち	25	組織目標を自分の手帳に書いたり机に貼るなどして、いつでも確認し記憶している					
	26	会社全体の戦略の正当性を、世界や社会の動向などの大きな枠組みの観点で説明できる					
	27	会社の決定事項については、結論だけでなく、その背景についてまで理解し、説明できる					
	28	新たな会社全体の戦略や方針が出た場合はいつも直ちに自分の業務の軌道修正をしている					
	29	会社目標と、自分の目標や業務が明確につながっていると感じている					
	30	自分の立場とは直接関係ない他部署の戦略や組織目標であっても、興味関心をもって情報を得ている					
	31	現在の業務について、その背景や目的を会社の戦略と関連づけて理解し、説明できる					
	32	目の前の業務に埋没して本来の仕事の目的を見失っていないかについて常に確認している					

			5 よく当てはまる	4 おおむね当てはまる	3 どちらとも言えない	2 あまり当てはまらない	1 全く当てはまらない
思いの豊かさ	1	将来の方向性や夢を持って生きることは大切だと思う					
	2	夢や志、思いをもって仕事をしている					
	3	自分の夢や志の実現度合を毎日振り返り、高めようとしている					
	4	組織や会社、社会に貢献するために、三遊間のゴロでも進んで拾うように努力している					
	5	つねに新たな経験や仕事に挑戦してきた					
	6	自分の内側から湧き出る、何が何でもやりたいという思いをもって仕事に向き合っている					
	7	日記やブログ等に自分の夢や志、思いについて書き出し、まとめている					
	8	毎日の経験や出会いから学んだ気づきを、自らに問いかけ確認している					
思いの広がり	9	自分は、会社の方向性や顧客・社会からの期待に、どう応えたいのか、自分の考えやポリシーを周囲に表明している					
	10	指示された仕事の意味や上司の思いを確認してから、仕事をスタートするようにしている					
	11	上に指示された通りに仕事するだけでなく、自分なりに工夫して業務を進めている					
	12	自分の役割や責任範囲外の業務にも関心を持っている					
	13	部門内の各部署の役割、課題、ビジョンを理解している					
	14	職場の雰囲気や人間関係を大切に考え、意識して行動している					
	15	職場の同僚がどういう仕事をしているか、時々話をし、自分の知識をアップデイトしている					
	16	社内には、所属する部門以外にもたくさんの友人・知人がいる方だ					

「思い」の強さを診断する「採点表」

各切り口ごとに自分の合計点の当てはまるところが、あなたの思いの状態です。思いを強めるポイントを参照に、再度本書の該当する各章を見てみてください

「思い」の強さ	8—16	17—26	27—35	35—40
思いの豊かさ	夢のないその日暮らし	夢は夢として脇に置く傍観者	夢の先送り	夢にコミット
思いの広がり	自分への関心のみ	広げたいが引っ込み思案	あと一息の及び腰	共創推進のチームワーカー
組織と自分の思いのすり合わせ	組織への思いがない	組織と自分が繋がらない	組織の思いと関係構築中	組織の思いと相思相愛
仕事への思いの裏打ち	組織の思いが自分の仕事に落とし込めていない	組織の思いの表層的理解	自分の仕事に翻訳するよう努力中	自分の仕事にしっかりした思いの裏打ち
思いを強めるポイント	思いを育む生活習慣を身につけましょう	思いを表出化することで意識化しましょう	思いを正当化・実践する努力でさらなる迫力をつけましょう	思いをさらに周囲と共有しロールモデルを目指しましょう

著者紹介

徳岡晃一郎（とくおか・こういちろう）

フライシュマン・ヒラード・ジャパン　パートナー・SVP
多摩大学大学院教授　知識リーダーシップ綜合研究所所長

1957年生まれ．東京大学教養学部卒業．オックスフォード大学経営学修士．日産自動車人事部，欧州日産を経て，99年より現職．レピュテーション・マネジメント，人事および社内コミュニケーションなどに関するコンサルティングに従事．主な著書に『シャドーワーク』『世界の知で創る』『MBB：「思い」のマネジメント』『ビジネスモデル・イノベーション』（いずれも共著、東洋経済新報社），『人事異動』（新潮社），『“本気”の集団をつくるチーム・コーチングの技術』『ミドルの対話型勉強法』（ダイヤモンド社）など，訳書に『リーダーシップ・コミュニケーション』『ウォルマートの成功哲学』（共訳、ダイヤモンド社）がある．

舞田竜宣（まいた・たつのぶ）

ＨＲビジネスパートナー株式会社　代表取締役社長
多摩大学大学院客員教授
グロービス経営大学院パートナー・ファカルティ
ピースマインド・イープ株式会社エグゼクティブ・コンサルタント

1964年生まれ．東京大学経済学部卒業．内外のプロフェッショナルファームで人事，組織，戦略の仕事に従事．世界最大級の人事組織コンサルティング会社ヒューイット・アソシエイツの日本代表を経て現職．現在は自ら得意とする人事制度改革や教育活動を行っている．主な著書に『行動分析学で社員のやる気を引き出す技術』（日本経済新聞出版社），『10年後の人事』（日本経団連出版），『社員が惚れる会社のつくり方』（日本実業出版社）など，共著に『行動分析学マネジメント』（日本経済新聞出版社），監修書に『人事労務用語辞典』（日本経団連出版）がある．

MBB：「思い」のマネジメント　実践ハンドブック

2013年 8 月22日　第 1 刷発行
2016年 6 月30日　第 2 刷発行

著者　徳岡晃一郎《とくおかこういちろう》／舞《まい》田《た》竜宣《たつのぶ》
発行者　山縣裕一郎
発行所　〒103-8345 東京都中央区日本橋本石町 1-2-1　東洋経済新報社
電話　東洋経済コールセンター03(5605)7021
印刷・製本　東港出版印刷

Printed in Japan　ISBN 978-4-492-52209-7　http://toyokeizai.net/